Thorwald
DETHLEFSEN

Reinkarnace

*Zážitky z minulých životů
a jejich léčivé účinky*

PRAGMA
HODKOVIČKY

KATALOGIZACE V KNIZE – NÁRODNÍ KNIHOVNA ČR

Dethlefsen, Thorwald
Reinkarnace / Thorwald Dethlefsen ; [z německého originálu ... přeložil Eduard Světlík] . – Praha : Pragma, 2001. – Název originálu: Das Erlebnis der Wiedergeburt
ISBN 80-7205-771-5

129 * 615.851.2
- reinkarnace – osobní výpovědi
- hypnoterapie
- populárně-naučné publikace

Thorwald Dethlefsen
REINKARNACE

Z německého originálu *Das Erlebnis der Wiedergeburt*
přeložil Eduard Světlík.
Sazba: MU studio.
Vydalo nakladatelství PRAGMA,
V Hodkovičkách 2/20, 147 00 Praha 4.

ISBN 80-7205-771-5

Obsah

Thorwald Dethlefsen žije a působí v Mnichově. Stal se jedním z nejznámějších světových hypnoterapeutů a psychologů. V roce 1968 se mu poprvé podařilo někoho zhypnotizovat. Od té doby pomáhá jeho metoda návratů v čase nejen psychicky nemocným lidem. Nechává je jejím prostřednictvím znovu zpracovat prožitý život a vede je dokonce do minulých životů.

Autor využil pro tuto knihu nejsenzačnější protokoly z jejich vzpomínek na znovuzrození. Jeho zpráva dokládá, že věda dosud nepřijala poslední důkazy pro reinkarnační teorii. Zdá se však, že řetěz příčin se již uzavírá.

Všechny osobní údaje o pokusných osobách a pacientech byly změněny do té míry, že je vyloučena jejich identifikace. Obsahové zkreslení je však vyloučeno. Všechny otištěné protokoly jsou k dispozici jako originální nahrávky na kazetách v archivu Institutu pro mimořádnou psychologii v Mnichově.

Tuto knihu věnuji všem svým pacientům
a pokusným osobám,
díky nimž jsem získal své zkušenosti.

Místo předmluvy...

několik myšlenek k nakládání s touto knihou: koupili jste si ji (nebo snad jen půjčili...) a teď ji začínáte číst. Na dalších stránkách se hovoří o věcech, které v žádném případě nepatří k samozřejmostem našeho pojetí světa.

Nebo snad už patříte k outsiderům?

Jsou dvě možnosti, jak číst knihu: buď zde najdete potvrzení svých dosavadních názorů a mínění a pak se vám bude jistě líbit, nebo s rostoucí nelibostí zjistíte, že téměř všechno, co tu najdete vytištěno, zcela odporuje vašim dosavadním vědomostem. A budete těmi domněnkami a názory pobouřeni.

Bez ohledu na to, ke které skupině patříte, se její četba nevyplatí. Protože budete po jejím přečtení zastávat tytéž názory jako předtím. Proto vás prosím, abyste se pokusili vyzkoušet třetí cestu: všechny dosavadní názory a úsudky odsunout stranou.

Abyste se pokusili rozumět obsahu tak, jak je míněn.

A teprve po dočtení knihy ji zkusili pochopit jako celek, vybavili si své názory a provedli srovnání.

Knihy mají být podnětem k rozvoji. Fixování názorů každý rozvoj zamezuje.

Názory, jichž se člověk nechce vzdát, znamenají ustrnutí.

Naše téma si žádá „pohyblivého" čtenáře. Brzy si všimnete proč...

Experiment

Nauka o znovuzrození
je obratem v dějinách lidstva.
Nietzsche

Východisko

Je to už řadu let, kdy jsem v červnu roku 1968 poprvé provedl experiment, jenž se měl stát nejen základnou a východiskem pro mou další výzkumnou práci, ale i pro můj světový názor. To jsem ovšem netušil, když jsem tehdy před kroužkem zaujatých laiků předváděl pár pokusů s hypnózou. Poté, co médium (běžné, ale poněkud nešťastné označení hypnotizované osoby) mým působením znovu prožívalo svou minulost a některé úseky svého dětství, pokusil jsem se zjistit, zda by si mohlo vzpomenout také na své narození a dokonce je znovu prožít. Pokus se zdařil. Moje médium, asi pětadvacetiletý inženýr, začal najednou se vzdycháním a za vzrušeného dýchání líčit to, co předcházelo jeho zrození. Tento překvapující úspěch mi dodal odvahy vrátit se ještě dále do minulosti. Vsugeroval jsem mu, že se nachází v mateřském těle, tři měsíce před porodem. A již nám začal vyprávět o svých pocitech embrya. Já však chtěl toho večera vědět ještě víc. Sugeroval jsem:

„Půjdeme teď ještě dále nazpět a sice tak daleko, až narazíš na nějakou událost, kterou můžeš přesně vylíčit a popsat – tak daleko se vrať v čase!“

Vznikla napjatá pauza, muž těžce dýchal a pak konečně začal mluvit stísněným hlasem. Vyprávěl o svých vjemech, já se ho dále vyptával a z tohoto interview vykrystalizoval příběh muže, který se narodil roku 1852, jmenoval se Guy Lafarge, žil v Alsasku, prodával zeleninu a konečně zemřel jako čeledín v roce 1880.

Navrátil jsem pak médium do „tohoto“ života a probudil je. Pokusná osoba si po tomto sezení pamatovala jen na to, že musela hluboce spát – vše ostatní zapomněla. Tomuto stavu, který následuje po hlubokém hypnotickém spánku, se říká amnézie; může se objevit sám od sebe, nebo být vsugerován posthypnoticky.

Tento experiment časového návratu (age-regression) za porod až do takové existenciální situace, kterou můžeme fenomenologicky označit za „dřívější život“, jsem v dalších týdnech ještě několikrát opakoval, zčásti s tímž médiem, zčásti s jinými pokusnými osobami. Vždy se projevilo totéž: když jsem pokusné osoby vedl stále hlouběji do minulosti, vynořovaly se vzpomínky z takového života, který s tím současným naprosto nemohl být totožný. Tyto vzpomínky pak byly prožívány tak plasticky, jako by se nejednalo o dávnou minulost, ale o přítomnost.

Podrobnosti z těchto experimentů nebudu na tomto místě uvádět, doslovné protokoly jsou zachyceny a komentovány v knize Znovuzrození (Pragma, 1997).

Když jsem pak již za dva roky předkládal veřejnosti další knihu na toto téma, ukázalo se, že důsledné pokračování v těchto experimentech přineslo takové rozšíření a rozvoj prováděcích technik, takové množství poznatků a informací, že obě práce vyžadovaly nové hodnocení.

Při svých prvních pokusech jsem měl ještě pocit, že se mi podařilo něco vzácného, něco senzačního; směs úcty a strachu mi bránila provádět experimenty častěji. U osob, které byly v hlubokém hypnotickém spánku, jsem váhal jít až před porod – vždy to bylo spojeno s určitým strachem, strachem z nového, z neznámého. Strach jsem měl rovněž vždycky z jistých fází pokusu, např. z nemocí, nešťastných událostí, smrti. Jestliže jsem na takovou traumatizující událost narazil, rychle jsem takovou vzpomínku velkým obloukem obešel a rychle své médium zavedl zpět do „tohoto“ života. Po každém takovém sezení jsem si vydechl, že všechno „dobře dopadlo“ a médium se spokojeně zasmálo, aniž by vědělo, co během sezení prožilo a vyprávělo.

Mezitím se mnohé, ba téměř všechno, podstatně změnilo. Strach odstranila zkušenost, nejistotu podrobné vědomosti z praxe. Co pro mne před lety bylo mimořádnou událostí, dnes je denní prací. Pokud jsem dříve pro své pokusy vyhledával hluboce spící média, dnes se daří návrat do „předživota" téměř u všech osob i tehdy, použiji-li jen střední uvolnění. Toho lze dosáhnout stále větším vylepšováním techniky návratu, která je dnes tak vypilovaná, že téměř u každého člověka najdu potřebný „vstup".

Jsou tu však přece jen dvě podstatné změny:

1. můj zájem se zaměřuje zvláště na traumatické vzpomínky; právě takové prožitky, jakými jsou nehody, nemoci, muka a smrt, jsou se všemi podrobnostmi znovu prožívány; a
2. obsah všech sezení je začleněn do plného vědomí; pokusná osoba si přesně uvědomuje nejen to, o čem vypovídala, ale vzpomíná si na všechny dřívější prožitky se stejnou pocitovou intenzitou, jako by to bylo včera.

Výsledkem tohoto vývoje je to, že z někdejších experimentů, pro mnohé „senzačních", pro jiné „pochybných", se stala psychoterapeutická metoda, jejíž světonázorové konsekvence způsobily, že se stala úspěšnou a může na dlouhou dobu čelit masivní kritice odpůrců. Žijeme ve světě, kde platí jenom experiment a úspěch – což bude v dalším textu detailně ukázáno.

Experiment dnes

Ke všem pokusům byly téměř výlučně vybírány osoby, které nebyly informovány o způsobu a záměru pokusu, vstupovaly tedy do něj „naslepo". K tomu účelu zadávala nějaká neutrální osoba novinový inzerát tohoto znění:

„Jste hypnotizovatelní? Zajímáte se o své podvědomí? Hledáme pro sérii pokusů mladé lidi (18–27) s vyšším školním vzděláním."

Na takový inzerát se přihlásilo průměrně třicet až padesát zájemců, které jsme společně pozvali ke skupinovému sezení. Z takové skupiny jsem vybral pomocí jednoduchých experimentů (kyvadélkový test, bdělá sugesce) ty, co byli nejvhodnější pro hypnózu. Ostatní byli pozváni k dalšímu skupinovému sezení, při němž jsem celou skupinu, tj. asi deset až dvacet osob, hypnotizoval a pomocí stále hlubší sugesce z ní ještě jednou vybral nejlépe reagující účastníky. Všechna tato sezení byla pozorována a kontrolována nezúčastněnými svědky, někdy i filmována. Kdo prošel tímto dvojitým „tříděním", byl objednán k samostatnému sezení, při němž jsem prováděl regresi. Pro kontrolu byli opět přítomni svědci, navíc byla sezení nahrávána na pásek, často též filmována. Již při prvních dvou třech sezeních jsem posthypnoticky vyvolal vzpomínky na jejich obsah, aby bylo možno kontrolovat, zda se při různých časových úsecích opakují tytéž informace o předchozím životě, nebo zda výpovědi odrážejí pouze spontánní reakci. Teprve po několikerém zopakování tohoto postupu měla pokusná osoba možnost seznámit se s obsahem sezení, aby si v bdělém stavu vzpomněla na všechny podrobnosti. Až do tohoto okamžiku nepadlo ani slovo o účelu experimentu: o reinkarnaci, životě před životem, minulých vzpomínkách ap. Tento způsob vylučoval, aby médium bylo ve stavu určitého očekávání, které by mohlo ovlivnit výpovědi při sezení. Oslabovala se tím i možná výčitka, že používám jenom osoby „zatížené okultismem", které už předem věří na reinkarnaci, a proto zanášejí do sezení svá přání, ideje a fantazie. Tím, že výběr pokusných osob a kontrola sezení neměly díky četným svědkům žádné mezery, bylo vyloučeno i každé domlouvání či nekontrolované ovlivnění pokusných osob z mé strany.

Vlastní experiment se v podstatě dělí na tři části:

1. navození hypnotického spánku;
2. postupný návrat pokusné osoby podél časové osy znovuprožití porodu – nové prožití embryonálního stavu – další návrat, dokud se nevynoří nové dojmy rozvinutí „předchozího" života formou rozhovoru;
3. návrat do přítomnosti a probuzení z hypnózy.

Pokusná osoba leží většinou během experimentu na speciálním relaxačním lehátku, já sedím vedle, kontrolní osoby a diváci tvoří půlkruh. Abych vám zprostředkoval reprezentativní dojem o tom, co se opravdu děje, uvedu podrobný protokol o sezení. Pokusnou osobou je v tomto případě novinářka, která se na mě obrátila na základě mých publicistických vystoupení s otázkou, zda bych nemohl provést takový experiment i s ní.* Takovou otázku slýchám velmi často, dokonce je většinou formulována jako podmínka: „Uvěřím vám jen tehdy, jestliže to zkusíte i na mně..." Ačkoli vlastní zážitek je samozřejmě nejlepší, zdá se mi tento způsob „misionářství" vzhledem k počtu lidstva poněkud nákladný. Přesto jsem vyhověl opakované prosbě a svolil, aby novinářka zafungovala jako pokusná osoba.

Po prvním zkušebním sezení velmi pochybovala o zdaru našeho počínání, neboť nevěřila, že prošla dostatečou hypnózou. Toto nedorozumění je velmi časté, protože laik většinou zaměňuje hypnózu s bezvědomím. Když tento stav nenastane, myslí si, že na něj hypnóza nepůsobí. Věřil jsem si však a objednal ji na příští termín, při němž jsem už chtěl provést regresi. Na tomto místě považuji za nutné připomenout, že existuje nejen *jeden* „předživot", ale že vždy můžeme jít mnohem dál; teoretické zdůvodnění bude následovat později. Nyní nejprve protokol:
(P = pokusná osoba, H = hypnotizér).

1. sezení
P: Lékařsky – to nezní pěkně – říkáte také, že je tu paní Lurdová – paní Lurdová – nevím přesně, co to je – říkáte pořád porodní asistentka, a pak říkáte, že jsem dostala bratříčka – hm – ano – už jsem jistější – ach ne – to není bratr – to je přece sestra – teď ji budu muset vozit v kočárku – to se mi nelíbí – stojím v zahradě a kočárek je mnohem větší než já.
H: Jak jsi vlastně stará?
P: Sedm.
H: A jak se jmenuješ?
P: Říkají mi Lenka – nemám se ráda –
H: Proč?

*U žurnalistů a pacientů, kteří již o mých experimentech slyšeli nebo četli, nelze samozřejmě vyloučit faktor „očekávaného chování". Přesto věřím, že jsem dokázal díky počátečním „slepým pokusům" s osobami, které neměly o účelu pokusu tušení, že neexistuje souvislost mezi očekáváním a výsledkem.

P: Jsem tak ošklivá.

H: Řekl to někdo, nebo si to myslíš sama?

P: Ne, pořád to říkají.

H: Kdo?

P: Moje matka, můj otec, jsem taky hrozně nepořádná, říkají – a mám pořád černé punčochy – ty taky nesnáším – ale pak jdu vedle ke své tetě – ta je taky strašně nepořádná – říkají – ale ta mě učí na klavír a je zlá, když utírám prach z klavíru – čmárám vždycky do prachu na víku – teta je stará panna a vlastně k ní tak často nesmím – můj bratr jednou spadl do vany se špinavým prádlem, ach ti se zlobili – moje teta je učitelka – protože neulovila žádného mužského – říkají – moje teta dává soukromé hodiny – děti se učí francouzsky.

H: Opustíme tyto události a půjdeme zpátky časem, neboť čas pro nás nehraje žádnou roli – budeš mladší, bude ti šest let, pět, čtyři. Jsou ti čtyři roky, jak se ti vede?

P: Nevím, všechno je tak zmatené – můj otec je tu – nějaký muž – to je můj otec – huboval, protože matka dala nějaké osobě u domovních dveří cukr, a ta řekla, že něco přinese – ne, to nevím – nebo slíbila, že přinese cukr, když jí moje matka něco dá, a už nepřišla, a já stojím u okna, a moje matka jde s otcem na nádraží. Má velmi dlouhé šaty – otec má helmu s nějakým hrotem, a teď zahýbají za roh – jo.

H: Budeme se teď vracet ještě dál do tvého života a domluvíme se, že ať zajdeme jakkoli daleko, vždycky poznáš můj hlas: Rodíš se!

P: Já nevím – to – to není pěkné – ne – to zní tak komicky – vy mě bijete – nechci – já nechci – ne –

H: Co cítíš?

P: Je to děsné – tak mokro a chladno –

H: Vidíš něco?

P: Ano – jsou tu lidé –

H: Slyšíš něco?

P: Nechci.

H: Opouštíme tuto stopu – a postupujeme o něco zpět – vracíme se o tři měsíce – jsou tři měsíce před tvým narozením – jak se máš?

P: Dobře – cítím teplo a nějaké klepání.
H: Jak se jmenuješ?
P: Myslím, že se mám jmenovat Helena – ale nevím.
H: Opouštíme tuto stopu a jdeme dále do minulosti, nejen o měsíce, případně o roky – jak daleko, to rozhodneš sama – protože se budeme vracet tak daleko, dokud nenarazíme na nějakou novou situaci, na nějakou novou událost, která se dá opět vyjádřit slovy...
P: Je tu jakýsi dům, na klášterním dvoře – tady mě nechtějí.
H: Kdo tě nechce?
P: Lidi – protože mám dítě –
H: Znáš ty lidi?
P: Musím je přece znát – ale nechtěla bych je znát, ne, tady bych nechtěla být.
H: Kolik je ti let?
P: Šestnáct.
H: Jak se jmenuješ?
P: Anna.
H: A jak ještě?
P: Ach ano, jsem doma – je to docela malá vesnice, je tu hezky.
H: Jak se tahle vesnice jmenuje?
P: Neuenbrook.
H: Kde to vlastně je?
P: V Pomořansku – nahoře na kopci leží Dekling a tady dole...
H: A tam bydlíš?
P: Ano.
H: U svých rodičů?
P: Ano.
H: Jak se tedy jmenuješ?
P: Anna.
H: A jak ještě?
P: Schwenzerová.
H: Můžeš mi to hláskovat?
P: Hm, samozřejmě že mohu – můj otec by se jinak také zlobil – můj otec je učitelem.
H: V tomhle místě?
P: Ano.

H: Jak se tvůj otec jmenuje?
P: Schwenzer.
H: A jak ještě?
P: Johann.
H: A tvoje matka?
P: Anna.
H: A ty jsi také Anna?
P: Hm.
H: Čím bys chtěla jednou být?
P: Učitelkou.
H: A kolik je ti teď?
P: Hmm – čtrnáct.
H: A kdy máš narozeniny?
P: Někdy na jaře.
H: Nevíš to přesně?
P: Vím – 17. dubna.
H: V kterém roce jsi se narodila?
P: V roce 1832 – ale o tom nemluvme.
H: Proč ne?
P: To není důležité. Sním.
H: O kom?
P: Sním, že hraju na překrásné varhany – že skládám překrásné básně – jsem někde, kde je svět docela pěkný.
H: Tam, kde jsi, není pěkně?
P: Je, ale nějak studeně – šedivě – a vlastně – říkají – že jsem – říkají, že mi trochu přeskočilo.
H: Kdo to říká?
P: Ale, lidi ve vsi – ale můj otec to neříká.
H: A tvá matka?
P: Ta má moře práce.
H: Proč lidé říkají, že ti přeskočilo?
P: Vím já? Asi proto, že nejsem jako oni – čtu a sním – a jsem…
H: Co vlastně čteš?
P: O dějinách – o vědě –
H: Máš knihy?
P: Ano.
H: Můžeš mi jmenovat nějakou oblíbenou knihu?

P: Ano – Tutan – oni říkají Tutän – byl to faraón.
H: Jak se ta kniha jmenuje?
P: Myslím, že to špatně vyslovuji. Tutanchamon – tam bych ráda žila!
H: Co je v té knize? O čem pojednává?
P: O Egyptě – jak se tam žilo – že tam už tenkrát, hm, vypalovali včelí bodnutí – otec mě brával s sebou do kostela – směla jsem hrát na varhany – ale pedály byly moc nízko – chtěla bych někdy sedět v tomhle kostele a všechno si moci zahrát.
H: Jen povídej o všem, co je důležité.
P: Jak se vede sedlákům – jaké je počasí – co krávy – musím se naučit dojit.
H: Máte vlastní krávy?
P: Ano, myslím, že ano – dvě.
H: Máte statek?
P: Ne – ale malý domek – s docela malými okny a vypouklými skly.
H: Co nejradši jíš?
P: Červenou kaši.
H: Co?
P: Červenou kaši s dojákem.
H: Co to je?
P: To nevím – ale máme to pořád. Náves je příšerně špinavá, když mám narozeniny.
H: Proč?
P: Moc prší – ale můj otec, který vždycky hraje v kostele, na varhany, tam chodím ráda – chtěla bych být taky něco takového.
H: Máš sourozence?
P: Ano.
H: Kolik?
P: Nevím – najednou je vůbec nevidím – myslím, že dva bratry.
H: Jak se jmenují?
P: Hans – Gottlob.
H: Jsou starší, nebo mladší než ty?
P: Nevím – jsem pořád sama.

H: A proč?
P: Protože jsem ráda sama.
H: Co vlastně děláš – když jsi sama?
P: …
H: Postupme v tvém životě o něco dál – jsi o rok starší, bude ti patnáct – co se za poslední rok událo u tvých rodičů, ve vsi?
P: Vyšla jsem školu – to je škoda.
H: A co děláš teď?
P: Říkají, že musím do nějakého místa – tak ráda bych se něco učila, ale nemáme peníze – a tak mě vedou do tohoto domu – který je tak studený.
H: Kde ten dům je?
P: V Itzehoe.
H: Kde?
P: V Itzehoe.
H: Jaký je to dům?
P: Takový světle šedý, má poschodí a leží na klášterním dvoře – ale já nechci dovnitř!
H: Patří ten dům ke klášteru?
P: Ne.
H: Je to soukromý dům?
P: Ano –
H: Kdo v něm žije?
P: Jeden lékař – ale ti na mě nejsou hodní.
H: Proč ne?
P: Musím pořád uklízet.
H: Jsi tu zaměstnaná?
P: Ano.
H: Jak se ten lékař jmenuje?
P: (jmenovala ho, ale jeho jméno je v protokolu škrtnuto.)
H: A ty tu musíš jenom uklízet?
P: Ano, ale moc mi to nejde – je to tak nudné.
H: Máš někdy čas na čtení?
P: Ne.
H: Co děláš, když máš volno?
P: Jdu do lesa – pobíhám tu – náhle slyším hudbu – hm, nikdo tu není –

H: Který rok se píše?
P: 1848.
H: A kolik je ti let?
P: Šestnáct.
H: Jdeme zase ve tvém životě o rok dál – budeš o rok starší – pověz mi, zda se v posledním roce něco změnilo – co je nového, kde jsi, co děláš?
P: Už tam nejsem.
H: Co tedy děláš?
P: Vede se mi velmi zle.
H: Proč?
P: Nevím, kam se mám vrtnout.
H: Proč to nevíš?
P: Ještě hledám.
H: Co? Nějaké místo?
P: Ne. Tam, kam teď můžu – to je něco jako – to je přece něco jako domov.
H: Nemůžeš jít za svými rodiči?
P: Ti to nesmí vědět!
H: Co?
P: Hm – budu mít přece dítě!
H: A proč jsi nezůstala v tom místě?
P: Tam už mě nechtějí.
H: Kde teď spáváš?
P: Venku.
H: A s kým máš to dítě?
P: To nesmím říct.
H: Proč ne?
P: Řekl, že to nesmím říct – já už nechci.
H: Co už nechceš?
P: Hm (hluboké povzdechnutí) – hledám práci dům od domu.
H: A potom, co uděláš?
P: Jdu dovnitř.
H: Který rok píšeme?
P: 1849.
H: Který měsíc máme?
P: Myslím, že květen – 14. květen.

H: Jak dlouho jsi v tom?
P: To přesně nevím.
H: Máme čtrnáctého května, co děláš?
P: Jdu posluhovat.
H: V kolik hodin?
P: V pět hodin.
H: Večer, nebo ráno?
P: Ráno.
H: A pak?
P: Pak jdu dovnitř.
H: Co přitom cítíš?
P: Klid –
H: Nemáš strach?
P: Ne, chci jen klid.
H: Najdeš ho?
P: Ano.
H: Jaký pocit máš teď?
P: Je mi hezky – lehko.
H: Kde jsi?
P: Doma.
H: Kde?
P: Tam, kde jsem vždycky bydlela, ale oni mě nevidí.
H: Co můžeš pozorovat?
P: Všechno – svou matku, která pořád naříká: „Taková hanba, taková hanba."
H: A ona tě nevidí?
P: Nc.
H: Co cítíš, když ty svou matku vidíš a slyšíš?
P: Hm, jsem trochu smutná.
H: A co říká tvůj otec?
P: Vůbec nic – je smutný.
H: Vědí o tvé smrti?
P: Já jsem přece nezemřela!
H: Kde potom jsi?
P: Jsem přece tady!
H: Proč tě tedy nevidí?
P: Nechci tu už být – chci spát.

H: Kam teď jdeš?
P: Nikam – jsem ještě ve vsi a už tu taky nejsem.
H: Jak se tedy jmenuješ?
P: Nijak.
H: Co tam tedy děláš – ke komu jdeš nejradši?
P: Jen se podívej – všechno vidím.
H: Je ti v tomhle stavu dobře?
P: Je.
H: Je pěkný?
P: Je.
H: A co dál?
P: Nic.
H: Chceš znovu přijít na svět?
P: To nevím.
H: Chtěla bys?
P: Ne – ó, myslím, že se musím znovu narodit, a přitom nechci – něco takového cítím.
H: Cítíš také, že je pro to nějaký důvod?
P: Možná jsem za něco trestaná.
H: Za co?
P: Chtěla bych už mít opravdu klid – nechci znovu na svět –
H: Kde jsi teď?
P: Mám opět matku!
H: Vyhledala jsi ji?
P: Ne.
H: Cítila jsi, že k ní přicházíš?
P: Ne.
H: Ale máš přece opět matku!
P: Ano.
H: Jsi už u ní?
P: Ano.
H: Jak jsi velká?
P: Hohó – docela malá – jak velká? Nemůžu říct.
H: Máš ji ráda?
P: Ještě ji neznám.
H: Máš k ní nějaký vztah?
P: Vypadá tak – jako – připadá mi známá.

H: Vypadá jak?
P: Už jsem její obličej někdy viděla.
H: Jestliže tě napadne kdy a kde, řekni mi to!
P: Hm, ve vesnici, kde jsem bydlela.
H: Kým tam byla?
P: Byla mou matkou.
H: Byla už tehdy tvou matkou?
P: Ano.
H: Docela určitě?
P: Nechci!
H: Jak jsi teď stará?
P: To ještě nemůžu říct.
H: Jdeme dál k okamžiku tvého narození – právě se rodíš –
P: Ano.
H: Přicházíš znovu na svět – ještě poznáváš svou matku?
P: Ano.
H: Jak?
P: Připadá mi tak známá.
H: Máš ji ráda?
P: Já ji přece neznám.
H: Ale připadá ti známá?
P: Ano.
H: Co k ní cítíš?
P: Je na mně hodná – zdá se, že mají radost, že jsem tady.
H: Ty máš také radost?
P: Ne – teď to všechno začíná!
H: Ty víš, co tě čeká?
P: Ano.
H: Co na tebe čeká?
P: Budu strašně osamělá –
H: Tak, jak jsi už jednou byla?
P: Jo – a ještě hůř. Musím pryč – potom…
H: Okdud…
P: Odtud.
H: Co tu je?
P: Je to… jsou tu náhrobky, kolem je hřbitov, můj otec dělá pomníky – a nemají mě rádi. Často jde pohřeb od domu do

kopce ke hrobu – ke hřbitovu – pak se postavím na nějaký náhrobek, myslím si, ti mě taky koupí – a pak chci pryč –

H: Postupujeme rychle k okamžiku tvého narození, řekni mi datum tvého porodu!

P: Září.

H: Kolikátého?

P: Šestého.

H: Kolik hodin?

P: Ráno.

H: Řekni mi přesný čas.

P: Dvacet minut před devátou.

H: Budeš stále větší a starší. Děláme velké kroky v tvém životě, aniž bychom se zastavovali.

2. sezení

P: Mám strach – musím se obléknout, potom všichni sedíme v blízkosti domovních dveří – můj bratr – moje matka a nějaké děvče, a hřmí – mám hrozný strach.

H: Jak jsi stará?

P: Nevím to přesně – myslím tři, čtyři, jsem ještě docela malá, ale umím se už obléknout – a pak jdeme zase po schodech nahoru, a pak přináší matka žebřík, a pak lezeme, škrábeme se po tom žebříku nahoru – na půdu, a pak se díváme ven, a můžeme vidět do marše, kde hoří, kde uhodil blesk – to má matka hrozně ráda, ráda se na to dívá – když je někde oheň, vyběhne hned z domu a musí tam, kde hoří – já vlastně taky – ale já nesmím a nemám ráda žádné bouřky – vždycky mám strach –

H: Opustíme tenhle zážitek a půjdeme dále zpět – čas pro nás nehraje žádnou roli, čas pro nás neznamená nic víc než znak dorozumění, rozdělující měřítko, ve skutečnosti pro nás neexistuje – postupujeme zpátky časem a minulost se stává přítomností – stáváš se mladší a stále menší – budou ti dva roky – je ti jeden rok, jak se ti vede?

P: Ležím v nějakém koši na prádlo a, hm – nevím proč – je to vlastně – ach – oni se stěhují –

H: Kdo jsou oni?

P: No, moje matka, můj otec, myslím, že je tu i nějaká dívka – služebná – ano, stěhujeme se z nějakého bytu v prvním patře, stěhujeme se do domu – v tom domě vyrostu – ale proč ležím v koši – oni balí.

H: Opustíme tenhle zážitek a půjdeme dále zpět, protože čas pro nás nehraje žádnou roli, jdeme zpátky k okamžiku tvého narození, právě se rodíš, co cítíš?

P: Nechci.

H: Proč ne?

P: Ne, nechci, nechci na svět!

H: Má to nějaký důvod?

P: Mám strach.

H: Před čím?

P: Chci mít opět takovou pohodu a klid, jako to bylo předtím.

H: Už jsi byla někdy na světě?

P: Ano.

H: Je to už dlouho?

P: To nevím.

H: Můžeš si na to ještě vzpomenout?

P: Ano, byla jsem docela chudé děvče – měla jsem docela hladké copy, a hezká jsem nebyla – nosila jsem pořád dřeváky s koženým svrškem a ty byly věčně špinavé – bylo tam plno luk.

H: Půjdme zpátky časem tak daleko, až přijdeme přesně k tomu okamžiku, o němž teď vyprávíš, půjdeme tak daleko, až se dostaneme tam, kde jsi teď a nač si vzpomínáš – to vše je teď přítomnost a ty mi vyprávíš něco ze svého života! Jak se jmenuješ?

P: Anna.

H: Jak ještě?

P: Jak se jmenuji? – Jsem velká asi přes jeden metr.

H: A jak stará?

P: Musí mi být asi tak deset.

H: Pak musíš znát i své jméno.

P: Přirozeně – Schwenzer – ano, Anna Schwenzerová.

H: Který rok píšeme?

P: 18, nikde jsem to nečetla – a přece, 1842.

H: Kdy ses narodila?

P: 1832.
H: Datum?
P: ...v dubnu – v dubnu.
H: Kterého dubna?
P: 13, 14, 15, 16, 17... Myslím, že 17., ano!
H: Máš také sourozence?
P: Nezdá se mi, ty bych měla teprve dostat – a přece – mám dva bratry.
H: A co ještě dostaneš?
P: Sestru.
H: Půjdeme trochu dopředu – tak daleko, až budeš mít sestru – kolik je ti teď?
P: Vůbec ji neznám. To jsem už pryč.
H: Jak se tvá sestra jmenuje?
P: Helma.
H: V kterém roce přišla na svět?
P: Ale musím ji přece znát – myslím, že tak 1843 – ne 44...
H: Teď ji znáš, nebo ne?
P: Ano.
H: Máš svou sestru ráda?
P: Je tak malá a úplně sladká.
H: Jak se jmenuje tvůj otec?
P: Můj otec se jmenuje Hans, Johann – říkají mu Hans –
H: Čím je tvůj otec?
P: Učitel – učitel a varhaník – to je krásné.
H: A co ráda děláš? Chodíš ráda do školy?
P: Ano, velmi ráda –
H: Čteš taky ráda knihy?
P: Čtu – hraju na klavír.
H: Co hraješ?
P: Och – Fröhlicher Landmann – ještě to dobře neumím, ale je to krásné.
H: Můžeš mi to zabroukat?
P: (brouká) – ach, neumím zpívat.
H: A co ráda čteš?
P: Hm, skoro všechno – je toho tolik, co mě zajímá – cesty – objevy – až budu velká, chci do celého světa – odejít daleko!

H: Kam například?
P: Do Svaté země.
H: Četla jsi o ní?
P: V Bibli.
H: Co jinak ještě ráda čteš?
P: Igot Igwadran – zdá se mi, nevím přesně.
H: Co ještě, co tě ještě napadá, co máš tak ráda – knihy, ty máš opravdu tak ráda?
P: Cestopisy a o Mojžíšovi v Egyptě.
H: Máš knihu Mojžíš v Egyptě?
P: Ne – stavěli tam pyramidy, to se tam popisuje, ano, může se to jmenovat Mojžíš v Egyptě, a tažení dětí Izraele pouští – to – to mě zvlášť zajímá.
H: Můžeš mi vylíčit pokoj, v kterém bydlíš? Máte obývací pokoj, nebo kde se ráda zdržuješ?
P: Ano, nejčastěji sedíme v kuchyni.
H: Jak ta kuchyň vypadá?
P: Uprostřed stojí sporák, a uvnitř je pořád oheň, a matka má dlouhou zástěru s volánky, a všechny hrnce jsou černé.
H: Máte myčku na nádobí?
P: Co?
H: Nic takového nemáte?
P: Nádobí myjeme, nosíme vodu od pumpy.
H: Kde stojí pumpa?
P: Venku ve dvoře.
H: Máte přece obývací pokoj nebo nějakou pěknou světnici.
P: Máme malou, docela malou světničku
H: Můžeš popsat, jak vyhlíží?
P: Je tu rohová lavice, a tady výklenek – a zde má matka plno květin, říká jim fuchsie, přinášejí neštěstí – ty postavila ven, pak jsem je vynesla na půdu – spím na půdě – nebojím se neštěstí – ale v zimě je tu nahoře velká zima – docela tu mrznu – chci opět někam, kde je teplo.
H: Byla jsi už někde, kde je docela horko?
P: Ano –
H: Kdy to bylo? Kde to bylo? Bylo to v tomto životě?
P: Ne.

H: Dobře, jdeme zase kousek zpátky – jdeme zpět tak daleko, až právě přijdeš na svět – jsi mladší, menší – právě se rodíš – ale tady se také nezdržíme. Půjdeme ještě více zpět – přejdeme porod a postupujeme dál, až se octneš opět v nějaké úplně nové situaci. Co vidíš?
P: Říká se tomu – je to poušť –
H: Co děláš v poušti?
P: Já – mám ovce- pobíhám s nimi sem a tam.
H: Paseš je?
P: Ano, ale je tu plno místa.
H: Jak se jmenuješ?
P: Ruth.
H: A jak ještě?
P: To nevím.
H: Jmenuješ se jenom Ruth?
P: Ano.
H: Který rok píšeme?
P: To nevím.
H: Můžeš mi to říct aspoň přibližně?
P: Sto.
H: V které jsi zemi?
P: Ve Svaté zemi.
P: Proč je tato země svatá?
P: Protože s námi mluví Bůh.
H: Co to zmanená s námi? Kdo je to „my". Jak se nazýváte?
P: Jsme kmen.
H: Jak se ten kmen nazývá?
P: Makabejci.
H: Vyprávěj mi něco o tomto kmeni.
P: Máme stany – můj otec je velmi mocný muž.
H: Jak se jmenuje?
P: Hohas.
H: Ještě jednou.
P: Hohas, myslím.
H: Stojíš teď před svým otcem, a chceš mu něco říct, a to tak, jak na něj mluvíš, v té řeči, kterou normálně mluvíš.
P: ...Honaihn – nesmím s ním vlastně mluvit.

H: Proč ne?
P: Musí se počkat, až on něco řekne.
H: Co ti právě řekl?
P: Hot maihn – pán.
H: A co teď říkáš?
P: Přinesu vodu, hodně – musím jít daleko – až najdu vodu.
H: Odkud přineseš vodu?
P: To nevím – jdu a jdu a nikde žádná – potom přijdu k nějaké hoře.
H: Víš, jak se ta hora jmenuje?
P: Ta nemá žádné jméno – a tady nacházím vodu –
H: Kde?
P: Teče z hory – moje rty jsou úplně suché, a jsem unavená – ale o tom všem nesmím mluvit.
H: Ale vody se teď můžeš napít?
P: Ne.
H: Proč ne?
P: ...patří mému otci.
H: Jak se řekne voda ve vaší řeči?
P: Nevím – brut – flepp.
H: Jak se cítíš?
P: Unavená.
H: Od čeho jsi unavená?
P: Jdeme a jdeme – a kameny a kameny.
H: Jak jsi oblečena?
P: Nosím něco úplně hrubého – sandály a kus hrubé ovčí kůže.
H: Jak vypadáš?
P: Černé vlasy – černé – nevím přesně, jak vypadám – vím, že jsem štíhlá – ale nevím, jak vypadám.
H: Znáš Krista? Slyšela jsi o něm něco?
P: Ne – má přijít nějaký Mesiáš – říká se.
H: Kdy má přijít?
P: Všichni čekají – spasí nás – ale do té doby všichni zemřeme.
H: Kolika let se dožiješ?
P: Hm – pětadvaceti.
H: Dobře, jděme tedy ke tvým pětadvacetinám – jak se ti daří?
P: Unavená.

H: Unavená? Unavená z čeho?
P: Jdeme a jdeme, už nemůžu.
H: Proč? Jsi nemocná?
P: Nemáme žádnou vodu – ostatní jdou dál.
H: A ty?
P: Já zůstávám tady – je to pěkné.
H: Kde zůstáváš?
P: Zůstávám prostě ležet –
H: A co se stane potom?
P: Přijde noc – bude úplný klid – usnu.
H: A co se stane pak, jak to pokračuje?
P: Vidím se ležet.
H: Co děláš?
P: Nemusím už nikam běžet – nepotřebuji už hledat žádnou vodu.
H: Můžeš mi říct letopočet, kdy se to událo? Tento přechod z tělesnosti do netělesnosti?
P: Asi sto.
H: Dobrá – vyprávěj dál, co se stalo – nemusíš už nikam běžet – nemusíš už nosit žádnou vodu – kde se nacházíš?
P: Dohonila jsem ostatní.
H: Jak?
P: Docela jednoduše. Ale nikdo už o mě nemluví, sesedli se – rozdělali oheň – a tu povídá jedna z žen mého otce, že už taky nejde dál – taky je velice unavená – říkám jí, zavři oči, usni – pojď se mnou – je to krásné.
H: Věří ti to?
P: Ne docela. Taky ji potom ztratím.
H: Co se pak s tebou děje dál, co děláš?
P: Nikoho nenacházím, nikoho.
H: Jsi úplně sama?
P: Ano.
H: Je to hezký stav?
P: Ano.
H: Jak to s tebou bude dál? Zůstaneš pořád zde a tak?
P: Ne.
H: Ne? Co se tedy změní? Co s tebou bude dál?

P: To je neobvyklé – jsem, budu někde úplně jinde.
H: Kde?
P: V nějakém zámku.
H: Kdy to bude? Brzy?
P: Je to – v Čechách.
H: Postupujeme časem k tomu okamžiku –
P: Mám muže – je velmi panovačný.
H: Jak se jmenuje?
P: Eckehard.
H: Jak se jmenuješ ty?
P. ...Uršula.
H: Který rok píšeme?
P: 1850.
H: A ty žiješ v Čechách? Jak se ti vede?
P: Nemůžu toho muže snést.
H: Proč ne?
P: Je zlý – zlý.
H: Co ti udělal?
P: Bije, bije lidi, a bije i mě.
H: Co dělá tvůj muž? Má nějaké povolání?
P: Ne, je to pán.
H: Jak se nazývá? Má nějaké určité postavení?
P: Ano. Je to baron. Ne, má lidi – je to důstojník – neříká se důstojník – je to rytíř – a má vojáky.
H: Jak se to jmenuje, kde žiješ – je to nějaké město?
P: Ne.
H: Co tedy?
P: Je to zámek.
H: Jak se jmenuje?
P: Strachwitz – nevím to přesně.
H: Proč ne? Přirozeně to víš!
P: Strachwitz, ale myslím, že to nesedí – hledám – hledám.
H: Povídej mi něco jiného. Jak jsi stará?
P: Třiadvacet.
H: Kdy ses vdala?
P: Před dvěma lety.
H: Jak ses jmenovala předtím?

P: Nemůžu na to jméno přijít.
H: Jak se jmenuješ teď?
P: Strachwitz.
H: Jméno tvého muže?
P: Ano.
H: Jmenuje se po něm i zámek?
P: To nevím – žijí tam už dlouho.
H: Řekni mi, kde ten zámek stojí?
P: Je tam řeka.
H: Jak se ta řeka jmenuje?
P: Je to Vltava.
H: Co je ještě v blízkosti toho zámku?
P: Kopce.
H: Je nablízku nějaké větší město?
P: Praha.
H: Byla jsi už někdy v Praze?
P: Ano – jeli jsme kočárem – šest hodin.
H: Jak se ti líbí Praha?
P: Bylo to velmi krásné – stála jsem na nějakém mostě, ne – ne – to nebylo krásné, nebylo to vůbec krásné.
H: Proč ne, co se stalo?
P: Viděla jsem, jak voda unáší spoustu mrtvol.
H: Jak se jmenuje vládce?
P: Je to nějaký král.
H: A jak se ten král jmenuje?
P: Myslím Alfréd – ale já – směšné – nic nevím úplně přesně.
H: Dobře, jděme kousek dál tvým životem – jsi starší – máš děti?
P: Ne.
H: Jsi dosud se svým mužem?
P: Ano, vzal mě s sebou.
H: Kam?
P: Nejsme už na zámku.
H: Kde tedy jste?
P: V Norimberku.
H: Kolik je ti teď?
P: Šetatřicet.

H: Šestatřicet, a žiješ teď se svým mužem v Norimberku?
P: Ano.
H: Kde? V domě, nebo v zámku?
P: V jednom domě – ale zámek – nějaký hrad, myslím, je při tom.
H: A tady žiješ? A proč tam teď jste?
P: Je válka.
H: Koho proti komu?
P: Všude je válka.
H: Co je to za válku, oč se bojuje?
P: Češi, Švédové.
H: Co dělá tvůj muž v této válce?
P: Táhne sem a tam – a vzal mě ke své tetě.
H: Do Norimberka?
P: Ano.
H: Jak se teta jmenuje?
P: Hatteline von Strachwitz.
H: A žije v Norimberku?
P: Ano.
H: Který rok píšeme?
P: 1623.
H: Jdeme tvým životem kupředu – tak daleko, až se opět něco změní.
P: Oheň.
H: Co je?
P: Oheň – hoří – všechny domy hoří.
H: Kde?
P: V Norimberku – hó – nemohu dýchat – nemohu dýchat – hm (sténá a svíjí se).
H: Jdeme kupředu – opustíme tu událost. Jdeme kousek kupředu – ohlížíš se a říkáš, co se stalo.
P: Hm, to nevím.
H: Víš, víš to.
P: Něco jako vata mi vletělo do obličeje a nemohla jsem dýchat a...
H: Jsi docela klidná.
P: Ne, byl to ten oheň. Nevím, kde jsem.

H: Můžeš mi ještě říct, kdy se ta událost stala, v kterém roce?
P: 16..., myslím – kdo to má vědět tak přesně – kolem roku 1630.
H: Ano, a teď jsi to mezitím opustila a jsi v úplně jiné situaci – jak se ti líbí?
P: Líbí.
H: Co tu děláš?
P: Vůbec nic.
H: Jaké to bude dál?
P: Heké, úplně snadné.
H: Zůstaneš pořád tady, v té snadné situaci?
P: Nejdříve ano.
H: A pak?
P: Zmizím.
H: Kam?
P: Zmizím na sever. Tam je chladno –
H: Už ses narodila?
P: Myslím, že to bude brzo...
H: Dobrá, jdeme k okamžiku tvého narození – řekni mi datum.
P: 1832.
H: Řekni mi datum zcela přesně.
P: 13., 14., 15., 16., 17. dubna.
H: 17. dubna? Proč začínáš už u třináctého?
P: Tehdy to začalo.
H: Co začalo?
P: Tehdy mě chtěla matka přivést na svět.
H: A nepřivedla?
P: Nešlo to tak rychle.
H: Proč?
P: Nešlo to – zavolali ženu z města – ta musela pomoct.
H: A sedmnáctého to šlo?
P: Ano.
H: Teď mi řekneš ještě přesnou hodinu...
P: Půl deváté.
H: Ráno?
P: Ano.
H: Jak se jmenuje místo, kde ses narodila?

P: Neuenbrook.
H: Byl porod hladký?
P: Ne.
H: Co se při porodu dělo?
P: Hrozně mě tahali, šla jsem napřed nohama – a pak o mě měli hrozný strach – pak ale bylo všechno v pořádku.
H: Podívej se na svou matku!
P: Má drobný obličej.
H: Viděla jsi už někdy dříve, v minulých dobách, tyto lidi?
P: Ano – zdá se mi.
H: Kdy a kde?
P: To bylo dávno.
H: Kde, vzpomínáš si?
P: Tehdy žili na pobřeží.
H: V jakém vztahu jsi tenkrát byla k ní?
P: Byla to moje sestra.
H: Měla jsi ji tehdy ráda?
P: Můj otec ji měl radši.
H: Teď je tvou matkou?
P: Ano.
H: Viděla jsi ji někdy mezitím?
P: V jisté době – špatně si na to vzpomínám – nevím o tom.
H: Ano, jsi starší, starší a větší, rosteš, jak jsi už stará?
P: Deset.
H: Je ti dvanáct, čtrnáct...
P: Ano.
H: Jak je ti teď?
P: Smutno.
H: Proč?
P: Vyšla jsem školu, a tak ráda bych se byla něco vyučila.
H: Co ses chtěla vyučit?
P: Chtěla jsem být učitelkou, ale pro děvčata nejsou žádné školy.
H: Dobře, jsi o rok starší, bude ti patnáct, co děláš teď?
P: Jsem ve městě.
H: Jak se to město jmenuje?
P: Itzehoe.

H: A kde jsi ty?
P: Za klášterním dvorem.
H: A co tu děláš?
P: Mám tu práci.
H: Jaké je to místo, kde jsi? Jak se jmenuje panstvo?
P: Dr. – hm – takový malý tlouštík (byl jmenován).
H: A jaké má křestní jméno?
P: (bylo též udáno!)
H: Jdeme asi o rok dál, změnilo se něco? Povyprávěj trochu, co.
P: Byl velmi zlý.
H: Ano, kdo – on?
P: Ano, on – ten… (stejné jméno!).
H: Proč byl zlý?
P: Řekla jsem mu, že budu mít dítě –
H: A co na to on?
P: Řekl: Ty kurvo, to není moje!
H: A je jeho?
P: Jistě, čí by mělo být!
H: A kdo je tento muž?
P: Ten – jeho paní nesmí nic vědět, a já to nesmím nikomu říct.
H: Co budeš dělat?
P: Nevím.
H: Jdeme dál, dále kupředu, co děláš?
P: Přemýšlela jsem – celou noc – jsem unavená – už nechci – mrznu – už nechci – nikdo mi nepomůže.
H: Co děláš?
P: Jdu – jdu na hráz – ještě je tma – kdyby bylo světlo, nedokázala bych to.
H: Jaké máme datum?
P: Září – je chladno.
H: Kolikátého září?
P: Nevím přesně – myslím, že 13. Nevím o nikom, koho bych se na to mohla zeptat.
H: Kolik je hodin?
P: Je pět ráno – celou noc jsem nespala.

H: Co děláš teď?
P: Sedím ještě chvíli na hrázi.
H: A potom?
P: Není žádná – není žádná jiná možnost – musíš to – musíš to – je zima – zavírám oči – najednou, najednou mám pokoj.
H: A co dál?
P: Hm (pláče).
H: Odpoutáváš se od této události – co se děje dál? Kde jsi teď?
P: Dívám se.
H: Kam?
P: Na ty, co mě našli.
H: A co dělají?
P: Ptají se mého otce, jestli jsem měla červené šaty. Hrůza, můj otec pláče – hm, nerada ho vidím plakat. Co jsem měla dělat? (pláče)
H: Jak to s tebou bylo dál?
P: Pak jsem doma –
H: Jdeme dál.
P: Matka vůbec nepláče – jen je zlá –
H: Jdeme dál – co se děje pak?
P: Vůbec nic.
H: Postupuj časem stále kupředu – až se opět něco změní.
P: Aha.
H: Co je, co se stalo?
P: Vzali mě s sebou.
H: Kdo?
P: Moje matka.
H: Kam?
P: Ach – k sobě.
H: Jak to myslíš?
P: Nechci to.
H: Jak to udělala?
P: Nechci to.
H: Povídej, kde jsi?
P: Přivádí mě na svět.
H: Dobře, řekni mi rok svého narození.

P: 1912.
H: Teď jsi tedy znovu na světě!
P: Chtěli mít radši syna – jsem teď na světě.
H: Stárneš a rosteš, ano?
P: Ano.
H: Postupujeme v čase kupředu a nikde se nezdržujeme – je ti 10, 15, 20 let, 35, 40, 45. Jdeme tak daleko, až dosáhneme roku 1975. Jdeme až k 31. lednu 1975, tady se zastavíme – zastavíme se 31. ledna 1975 – jestliže jste už došla až k tomuto datu, pak to řekněte!
P: Ano.
H: Nacházíte se v hlubokém, hypnotickém spánku. Cítíte se dobře, velmi dobře, šťastně a spokojeně. Máte za sebou dlouhou cestu, cestu s duší a cestu dušemi – odpoutáváte se pomalu od všech těchto věcí a prožitků a poddáváte se úplně pocitu klidu a uvolnění. Cítíte se dobře a šťastně, spíte pevným a hlubokým spánkem, pevně a hluboce, a v tomto absolutním klidu se regeneruje váš organismus. Vše se zotavuje, získává novou sílu – cítíte se dobře – velice dobře, šťastně a spokojeně – cítíte se dobře, šťastně a spokojeně, spíte hluboce a pevně.

Po obou těchto sezeních zařídila novinářka přezkoušení svých výpovědí. Přitom byla dokázána historická existence jedné Anny Schwenzerové, nar. 17. 4. 1832 v Neuenbrooku. Dále jsme se dozvěděli od dosud žijících členů rodiny Strachwitzů, že rodokmen jejich rodu opravdu sahá až do popsaného českého prostoru. Chybějí ovšem doklady z té doby.

Jazykovědec určil u několika cizojazyčných slov z třetího předživota, že jde o aramejštinu.

Další přezkoumání se zatím nekonala.

Experiment v křížovém výslechu

Jsem si jist, že tak, jak mě tu vidíte,
jsem tu byl už tisíckrát, a doufám,
že se ještě tisíckrát vrátím.
Goethe k Falkovi

Dosud jsem vždy mluvil o „předživotě, vzpomínkách na dřívější život, reinkarnaci“, o pojmech, které v našem stávajícím obrazu světa nepředstavují žádnou samozřejmost. Uvozovky, jimiž jsou tyto pojmy dosud opatřeny, mají znamenat hypotetickou podmíněnost, neboť teprve nyní, poté, co jsme blíže poznali fenomenologickou stránku experimentu, můžeme se věnovat přesnému prozkoumání pokusu.

Vyprávíme-li či popisujeme takový experiment člověku, který se dosud s tímto tematickým okruhem nesetkal, nemůžeme očekávat ve většině případů nic víc než rozhořčení nebo útrpný úsměšek nad takovým fantazírováním (nebo přesněji: snílkovstvím). Podstatně nejistěji reagují osoby, které měly příležitost prožít experiment jako pozorovatelé. Nejsnadněji se přesvědčení utváří přímo u pokusných osob, neboť to, co člověk prožil, už není předmětem víry – to se ví.

Není nijak překvapující, když moje tvrzení, že je možná reinkarnace a že mohu u každého člověka experimentálně zjistit jeho „předživot“ a seznámit ho s ním, naráží všeobecně na silný odpor veřejnosti. Všechno nové, co se vymyká navyklým způsobům myšlení, ještě stále naráží na nedůvěru. Každý člověk je přece nucen začleňovat nové informace do existující šablony. Tato exitující šablona není ničím jiným než sumou dosavadních informací, případně toho, co se naučil. Dostane-li nyní informaci, kterou nelze včlenit do jeho šablony, objeví se strach jako výraz protikladu mezi přáním moci každou informaci zařadit a zjevnou nemožností tak v některém speciálním případě učinit. Aby hrozící strach nyní eliminoval, pokouší se informaci tak dlouho přepracovávat, až do té šablony zapadne; úprava se téměř vždy týká informace, aby šablona jako celková suma vědomostí nebyla kvůli jedné nové informaci zpochybněna.

Jednoduchý, schematický příklad může znázornit to, co bylo řečeno. Představme si, že někdo je přes noc sám ve velkém bytě. Náhle zaslechne nejasný šramot. Tento šramot je novou informací, která bleskurychle vyvolá strach. Postižený se bude podle možností ihned snažit tuto informaci, v našem případě šramot, smysluplně vysvětlit. Vědomí se bude pokoušet srovnat zvuky se všemi dosavadními zkušenostmi, aby je mohlo podle zákona podobnosti zařadit. V tomto případě budou přezkoušeny všechny možnosti od hromu až po zloděje, až nakonec padne volba na hypotézu: „Kočka určitě zase shodila z psacího stolu pořadač na dopisy.“ V témže momentu povolí napětí, zmizí strach, neboť informace je zařazena. Zda zmíněné přiřazení šramotu události odpovídá skutečnosti, či ne, je zcela lhostejné.

Tento mechanismus slouží průběhu učení, neboť bez principu zařazování, přiřazování, srovnávání a znovupoznání by neexistoval žádný pokrok v učení – museli bychom při každé informaci začínat jako dítě od samého počátku. Tento smysluplný mechanismus je bohužel rovněž příčinou mnohých předsudků, domněnek a hypotéz. Měli bychom proto tento proces, který probíhá nevědomě a bleskurychle, mít před očima, když se snažíme věcně a pokud možno bez předsudků posuzovat experimenty, aniž bychom je násilím cpali do existujících šablon a klišé. Neboť každý pokrok, každý vývoj a všechny objevy vznikají jen tam, kde někdo považuje za zásadně možné něco, co dosud leželo mimo oblast poznání a zkušenosti. Kdyby byl člověk nikdy neměl odvahu usoudit, že může létat, neměli bychom dnes žádná letadla. Dnes je to samozřejmost, ale ti, kdož se jako první těmito myšlenkami obírali, sklízeli posměch jako blázni.

Nyní už sice myšlenka reinkarnace není nikterak nová, nezapadá však do našeho materialisticko-přírodovědného obrazu světa. Věda tvrdí, že vědomí prý existuje jenom ve spojení s hmotou. To je však právě tvrzení, axiom, který si může činit nárok na platnost jen tak dlouho, než je dokázán opak. Abychom tento opak dokázali, pokusíme se nejprve přezkoušet, zda jsou mé experimenty vysvětlitelné v rámci tradičního myšlenkového modelu a kolik síly je nutno použít, aby se daly vtěsnat do existující šablony.

V průběhu doby jsem ukázal své experimenty četným lidem, novinářům, laikům, vědcům. Vyptával jsem se na jejich názor, mluvil o svých pokusech, diskutoval. Všechny ty rozmanité námitky, připomínky a návrhy lze nakonec shrnout do čtyř hypotéz, které je možno brát vážně. Nepočítám do toho námitky, které všechno odmítají pouze jako zamýšlený podvod. Bránit se výčitkám z podvodu nemá podle mne smysl; tohle tvrzení může klidně zůstat posledním útočištěm pro ty, kdož nedokážou přijmout žádnou jinou skutečnost než tu, kterou si sami ukutili.

Zde jsou čtyři kategorie, v nichž můžeme hledat možná vysvětlení:

1. Hypotéza o sugesci se domnívá, že zvláštní stav hypnózy umožňuje hypnotizérovi podsunout při sugesci pokusné osobě odpověď. Tuto hypotézu lze nejsnadněji odmítnout, neboť pozorné čtení protokolů ukazuje, že téměř všechny otázky jsou formulovány velmi úzce a krátce, takže neumožňují ani ten nejmenší pokus skrýt v nich odpověď. Kromě toho pravidelně utrousím jisté sugestivní otázky, které jsou chytákem, a v nich se dotazuji na typy aut či moderní přístoje, jakými jsou televizor a telefon, nebo na současné osoby. Ani jednou se nestalo, že by pokusná osoba na podobný moderní termín přistoupila, ani když jsem si sugestivně vynucoval přisvědčení („Máte přece určitě televizor!“). Naproti tomu se pokaždé pokusná osoba překvapeně zeptala, co je to za slovo. Když jsem při jednom sezení opravdu nešetřil moderními pojmy, reagovala pokusná osoba velmi rozhněvaně a stěžovala si, že pořád mluvím tak „směšně“. Jednou jsem se na příhodném místě zmínil o „sáčku mléka“ a moje pokusná osoba se začala halasně smát – „mléko v sáčku“ pro ni znamenalo nepředstavitelné spojení. Z toho všeho plyne, že neexistuje žádný důkaz, že

způsobem kladení otázek či jejich formulování byla vynucována odpověď.

2. Jako druhá vysvětlující hypotéza se překvapivě často objevuje domněnka, že nedosahuji požadované odpovědi výběrem slov, ale používám jako pomocný prostředek telepatii. Pro člověka myslícího materialisticko-přírodovědecky není sice telepatie tím nejpravděpodobnějším vysvětlením, protože ani telepatie navzdory pokusům dokázat ji statisticky nenašla dosud žádné místo v jeho světonázoru. Přesto se její existence stává v stále širších vrstvách přijatelnou, takže mnozí parapsychologové se snaží i ostatní „paranormální jevy" redukovat na telepatii.

Ačkoli by bylo v zásadě možné vytvořit z telepatie komunikační prostředek srovnatelný s řečí, jsme dnes stále rádi, podaří-li se nám tímto způsobem přenést pár obrázků či geometrických tvarů. S ohledem na tyto skromné úspěchy se cítím pokaždé velmi poctěn, jestliže se někdo vážně domnívá, že moje pokusné osoby jsou tímto způsobem schopny zprostředkovat celé romány. Kdybych to dokázal, přenášel bych raději výlučně data, která se dají lehce, rychle a spolehlivě ověřit. (Tento bod přehlížejí i všichni ti, kteří hovoří o jistém podvodu!)

Všechny, kdož se stále ještě domnívají, že přenáším informace telepaticky, aniž bych si toho byl sám vědom, mohu ujistit, že jsem už často očekával zcela určitou odpověď, ale ta, kterou jsem dostal, byla úplně jiná. Také podezření, že mi pokusné osoby telepaticky nahrávají, je málo pravděpodobné proto, že v historii jsem opravdový nevzdělanec.

Podobným směrem míří hypotézy, které hovoří o „potulném jasnovidectví" nebo o „čtení v Akašské kronice". V obou případech se předpokládá, že nějaká osoba ve zvláštním hypnotickém stavu má možnost získávat informace, které leží mimo osobní zkušenost a mimo časové a místní omezení. Víme sice, že tyto jevy jsou možné, ale o jejich přesných zákonitostech víme dosud velmi málo, abychom mohli s jistotou tyto pojmy používat. V našem případě bych si jich zprvu příliš nevšímal, protože nedosáhneme přílišného zisku, budeme-li něco neznámého vysvětlovat jiným neznámým. Později, až budu mluvit o terapeutické účinnosti svých experimentů, uvidíme, že se v našich experimentech jedná spíše o osobní materiál než o hypotézu, která předpokládá rozšíření vnímavosti v kolektivní oblasti.

3. Hypotézou o „dědičné paměti" bych mohl nazvat onu snahu, která odmítá reinkarnaci, ale akceptuje domněnku, že zkušenosti a prožitky předků se prostřednictvím genetického kódu přenášejí na potomky. Vychází z představy, že všechno, co člověk prožije, dokonce všechno, co vidí a dozví se, se v něm uloží. Při zplození dítěte se setkají nejen „životní zkušenosti" obou rodičů, ale i životní zkušenosti všech předků a jsou genetickým kódem předány. Při každém plození se informace potencuje, nic se neztratí. Každý člověk proto může čerpat z obrovského rezervoáru historických informací, který sahá tak daleko, jako historie lidského vývoje.

Z vědeckého hlediska nejsme ještě zdaleka jednotni, zda je možné dědit životní zkušenosti. I kdyby se však na základě pokusů se zvířaty mělo ukázat, že naučené se dá dědit, hypotéza o dědičné paměti je jako vysvětlení našich experimentů vyloučena, a to z těchto důvodů: dostáváme při nich líčení naprosto jasně ohraničeného života, a žádnou směs kdejakých vzpomínek. Každý život jeví markantní rysy zcela určité osobnosti a tvoří ve svých vnitřních souvislostech pokaždé celek. I kdybychom dědičné paměti přiznali zmíněný výkon, musely by se tyto „životy" zcela krýt s životy předků pokusné osoby – ale právě to se téměř nikdy nestává. K tomu připočtěme, že v líčeních by se nutně musely objevovat rozhodující zážitky nejbližších osob, vlastních rodičů – ale ani to se nikdy nestává. Tato hypotéza zcela selhává ve vztahu k líčení posmrtných zážitků pokusných osob. V souvislosti s následující hypotézou budeme ještě mluvit o četných zvláštnostech, které rovněž nelze vysvětlit dědičnou pamětí.

Kdyby ani všechny tyto námitky nestačily vyvrátit falešné hypotézy, mělo by být definitivně jasno při experimentu s dvojčaty. Neboť sourozenci, navíc dvojčata, by museli mít stejný vzpomínkový kód a proto poskytovat téměř shodné výpovědi. Neměl jsem zatím příležitost s dvojčaty experimentovat, ale i bez toho považuji tuto hypotézu za neudržitelnou.

4. Nakonec nám zůstává nejčastější hypotéza, kterou bych mohl souhrnně nazvat „fantazijní hypotézou". Pro většinu osob znamená bezpochyby nejblíže ležící vysvětlení. Zdá se proto obtížné ji vyvrátit. Za fantazijní hypotézou se skrývá předpoklad, že zprávy o „dřívějším životě" jsou pouze fantastickým zpracováním údajů, které byly někdy shromážděny v tomto životě, že došlo díky hypnóze a jí vyvolané hypermnézii (vystupňovaná schopnost vzpomínání) k zhuštění nejrůznějších příhod, historek a románů do nového celku, což je vydáváno za vlastní prožitek. Tím se nepodsouvají pokusné osobě žádné podvodné úmysly, neboť tento proces prý probíhá nevědomě, motivován přáním vyhovět hypnotizérovi a určitým požadavkům.

   Mluví-li se o fantazii, je zhuštění shromážděných informací nezbytným předpokladem, neboť „čistá fantazie" je bez užití známých údajů nemožná. I fantazie může pracovat pouze se známými informacemi, nikdy nemůže vynést na světlo něco absolutně nového. Můžeme si například ve fantazii představit červeného slona, vzášejícího se v povětří. Tato představa je však myslitelná jen díky tomu, že jednotlivosti tohoto obrazu známe ze zkušenosti: slona, červenou barvu a létání. Fantastická je na tom jen nová kombinace. Naproti tomu je nemožné představit si ve fantazii nějaký „krakilbastus" jednoduše proto, že k tomu nemáme žádnou příslušnou zkušenost. Měli bychom tedy při zacházení s pojmem fantazie pamatovat na to, že se vždycky musí jednat o nashromážděný materiál.

Přesto je třeba objasnit, zda jde, či nejde při našich experimentech jen o osobní prožitkový materiál. Pro tento předpoklad hovoří zkušenost s pokusnou technikou denního snění, známou dnes pod názvem „katathymní obrazné prožívání", případně „symbolické drama". Při této psychoterapeutické technice prožívá pacient ve stavu podobném hypnóze situace, které v tom okamžiku mohou působit velmi realisticky a představují symbolické zpracování jeho problémů podobně jako v nočním snu. V oblasti psychoanalytických zkušeností by takové symbolické zpracování obsahového problému nebylo zdaleka ničím novým. I terapeutická působnost takového „symbolického dramatu“ by se dala psychodynamicky vysvětlit.

Všechny tyto důvody vedou skutečně k nejjednoduššímu vysvětlení, že zprávy o údajném dřívějším životě nejsou nakonec ničím jiným než šikovně zpracovanými jednotlivými informacemi, které byly různým způsobem nahromaděny v tomto životě.

Existují však přece jen fakta, která tato hypotéza dokonale nevysvětluje? Přehlédneme-li větší sérii experimentů s nejrůznějšími pokusnými osobami, ztrácí tato hypotéza stále více na pravděpodobnosti. Nejprve je to povaha a způsob, jakým pokusná osoba určité události znovu prožívá – není to pouhé rozpomínání, žádné řazení a vyprávění nějakých jednotlivých faktů, nýbrž prožívání „prožitků“ celým tělem a všemi emocemi. Právě tato intenzita prožitku se bohužel nedá písemně zprostředkovat, takové sezení je třeba osobně spoluprožít, aby bylo možno posoudit, zda způsob reprodukce odpovídá volné fabulaci, či zpřítomňování dřívějších zkušeností. Téměř všechny osoby, které měly možnost zúčastnit se jako svědci nějakého sezení, potvrzují doposud dojem, který kdysi formuloval prof. dr. Rainer Fuchs:

„Reprodukce materiálu odpovídá výrazně procesu rozpomínání a návratu k prožitému a poznanému. Nejde pouze o vzpomínku na určité situace, ale i o reaktivaci situačně podmíněných náklonností a averzí, snah a protisnah. Navíc byla životní historie v udivující míře soudržná a charakteristickým způsobem zapadala do historicko-sociologického rámce.“

Znovuprožívání bývá tak intenzivní, že v četných situacích zasáhne celé tělo a významně promění nejen fyziologické funkce, jakými jsou dech, srdeční frekvence, puls a EEG, ale zmítá se celé tělo, údy dostávají křeč a podobně.

Pozoruhodné je i to, že v různých předživotech se pokaždé manifestují zcela určité, uzavřené charaktery, které jen zřídkakdy mají něco společného s charakterem a vzorcem chování pokusné osoby. Často se mění i hlas tak silně, že ani v nejmenším neodpovídá „normálnímu hlasu“ pokusné osoby. Přehrával jsem různým lidem pásek, na němž téměř sedmdesátiletá pacientka právě prožívá dětství svého „předživota“, a tázal se, kolik může být nositelce toho hlasu. Všichni ji ocenili na patnáctileté až dvacetileté děvče. Jindy se z půvabného hlasu mladé pacientky během sezení stal najednou hluboký a hrubý mužský hlas.

Mimořádně zajímavý byl následující případ: pacient prožíval svůj poslední život, v němž byl jako německý voják za první světové války bodnut při dobývání jedné francouzské pevnosti bajonetem do levého boku a na toto zranění zemřel. Při další konzultaci mi tento pacient vyprávěl, že má od narození na levém boku skvrnu na kůži, která na první pohled vypadá jako zhojená jizva, ve skutečnosti to však musí být změna pigmentace. Teprve doma, když vyprávěl ženě o svém prožitku, pochopili, že tato změna je stopou po tehdejším bodnutí, protože v tomto životě pro ni není žádné vysvětlení. Podobný ojedinělý případ by pro mnoho lidí nemusel mít žádnou velkou průkaznost a jako obvykle by mohl být označen za „náhodu“. Přece však již před deseti lety publikoval americký badatel zabývající se reinkarnací, prof. Jan Stevenson, četné případy, v nichž dokázal, že jizvy mohou mít zřejmě příčinu v dřívějších vtěleních.

Podle mne existuje více jevů, které dosavadní hypotézy nedokážou dobře vysvětlit. Při sezení je možné, aby pokusná osoba psala. Přitom se ukáže nejen změna rukopisu, ale podle příslušné epochy i docela jiný druh zápisu, který navzdory zavřeným očím probíhá velmi plynně.

Působivé jsou i příklady, které zapsala dvacetiletá sekretářka, když svou inkarnaci prožívala ve starém Egyptě, v dvacátém roku faraona. Vnucuje se samozřejmě otázka, zda by pokusná osoba dovedla starou řečí také mluvit. A ona skutečně dovede! Celé sezení jsme ovšem vedli v němčině, aby bylo zaručeno trvalé spojení. V úvodu experimentu sugestivně zdůrazňuji porozumění mým otázkám a jejich zodpovídání v stejném jazyce, protože při přerušení komunikace mezi mnou a pokusnou osobou by se ztratila i zpráva. Mimo sezení mohu ovšem pokusnou osobu požádat, aby zcela určitou odpověď podala v „originálním jazyce". Tento požadavek je většinou splněn, přičemž cizí řeč nebývá naráz plynně a jistě ovládnuta. Po dalších sezeních je však možno dosáhnout zlepšení.

Zatím jsem bohužel neměl dost času, abych sérií cvičných sezení dosáhl tak plného uvědomění staré řeči, aby mohla být užívána při bdělém vědomí jako regulérní cizí jazyk. Takové pokusy však v nejbližším čase plánuji, a to nejen ve vztahu k řeči, ale i k jiným dovednostem, např. k hraní na klavír aj.

Velmi působivé bylo sezení se zmíněnou již pokusnou osobou, která měla být ve starém Egyptě jednou z chrámových tanečnic, zasvěcených bohyni Isis. Nechal jsem ji v hypnóze vstát a se zavřenýma očima předvést chrámový tanec. Při svých vědomostech jsem nemohl posoudit, zda předvedený tanec byl totožný s obvyklým chrámovým tancem ve starém Egyptě, přesto však nás fascinovaly cizokrajně podmanivé pohyby a přesné pohyby rukou, zvláště prstů, jaké známe z chrámových tanců východního kulturního okruhu. Tento umělecký tanec s perfektní pohybovou kulturou, provedený v hlubokém hypnotickém spánku se samozřejmou lehkostí, je přece výkonem, který nemůže být pouhou reprodukcí náhodně získaných informací.

Proveďme shrnutí: objevují se nové, ucelené rysy osobnosti; detailní sociokultuní souvislosti dávno minulých epoch, které sahají daleko za všeobecné školní vzdělání (míry, váhy, měny); změny hlasu; změny rukopisu; kožní změny na místech někdejších zranění; znalosti historických jazyků a způsob jejich zápisu; spontánní projevy schopností, které nemohly být získány v tomto životě. Jak se dají všechny tyto jevy vysvětlit? Fantazií či konfabulací někdy přečteného a naučeného? Zvláštní variantou mimosmyslového vnímání či PSI fenoménem?

Kdyby šlo o pár případů, v nichž tyto jevy vystupují, dalo by se to jakž takž vysvětlit nějakou parapsychologickou hypotézou. Já však mohu tento experiment provést takřka s kýmkoliv bez ohledu na to, zda mi věří, nebo to všechno předem považuje za nesmysl – a vždy se stejným výsledkem. Tím splňuji jeden z hlavních požadavků naší vědy, která vyžaduje libovolnou opakovatelnost pokusu. Tento experiment je opakován denně, nezávisle na vnějších podmínkách. Nepotřebuji nic jiného než lehátko a pokusnou osobu, která je vnitřně připravena experiment podstoupit, a pak už jen určitý čas, abych ji mohl zvolna uvést do techniky reinkarnace. Pokus nelze pokaždé provést během jedné či dvou hodin, ale to nemůže být závažným protiargumentem, protože i jiné experimenty potřebují „svůj" čas.

Pro naši argumentaci zůstává důležitým to, že experiment je libovolně opakovatelný a reprodukovatelný a že pokaždé vystoupí tytéž základní jevy: pokusná osoba prožívá něco, co označuje jako svůj život, ačkoliv to leží v daleké minulosti. Žijící člověk vypráví o své smrti, o své existenci po smrti, líčí své nové spojení s nějakým tělem, hovoří o svých dojmech embrya a prožívá bolest porodu.

Po sezení, když je příslušná osoba opět při plném vědomí, stane se něco, co přítomné překvapí ještě víc než vlastní sezení: pokusná osoba si dále vzpomíná na své minulé životy a mluví o těchto vzpomínkách tak samozřejmě, jako někdo, kdo hovoří o včerejším dnu. Vzpomínky, zpřístupněné sezením, jsou v bdělém stavu prožívány se stejným pocitem identity jako vzpomínky na nynější život.

Toto je důležitý bod, neboť člověk dokáže velmi dobře rozlišit sen od skutečnosti. Sen sice může být, pokud probíhá, prožíván velmi silně jako skutečnost, přece však v okamžiku, kdy spáč procitne a je mu jasné, že bdí, ví, že to, co „prožil", byl jen sen a může to s jistotou odlišit od vzpomínek na to, co prožil skutečně. Každý normální člověk přesně ví, zda někdy jako dítě spadl do vody, nebo se mu o tom jenom zdálo.

Tuto rozlišovací schopnost bychom měli přiznat i hypnotizovanému. Právě zde se ukazuje, že moje pokusné osoby řadí obsah sezení do kategorie skutečných prožitků. A začínají v bdělém stavu líčit podrobnosti svých „dřívějších životů", o nichž se při sezení vůbec nemluvilo. Takže po hypnotickém sezení často následuje ještě sezení bdělé, při němž se dozvíme další detaily. Tyto pohovory bývají často velmi plodné, neboť aktivita a tempo řeči jsou větší než v hypnóze, spojené s určitou pasivitou.

Hypnotické sezení odpovídá jakémusi pootevření dveří, které vedou ke vzpomínkám. Jestliže byly jednou otevřeny a v hypnóze se znovu nezavřou, zůstávají otevřeny pro všechny časy a vzpomínky ležící za nimi mohou být kdykoli zpřístupněny i v bdělém stavu. Tento proces známe i z denního života. Zapomeneme určitý děj – pokoušíme si vzpomenout – ale nedaří se to, nemůžeme k němu najít žádný přístup. Pomůže-li nám někdo jiný vhodným odkazem („...nebylo to tehdy, kdy strýc Ota slavil padesátiny?“), otevře se najednou přístup k naší vzpomínce a vybaví se nám celá příhoda, na níž jsme zapomněli. Zcela podobný mechanismus působení pozorujeme i při našich pokusech s regresí. Stačí nám jen jednou odemknout vchod a pak libovolně dlouho hledat. Ten přístup nám umožňuje náš experiment. Vlastní jevy pak už na experimentální situaci nejsou vázány.

Reinkarnační hypotéza

Poté, co jsem se pokusil představit nedostatečnost dosavadních hypotéz, budiž mi dovoleno přistoupit k tomu, co považuji za nejlepší a nejpřijatelnější vysvětlení našich jevů. Vycházím přitom z toho, co tento experiment skutečně nabízí, aniž bych něco násilně přidával či vypouštěl, vykládal a interpretoval.

Proč by tomu nemohlo být tak, jak všechny pokusné osoby samy říkají a také cítí: že jde o řetěz dřívějších životů, na něž člověk zapomněl a které si nyní znovu vybavuje? Proč se někdo tak zuřivě brání tomuto jednoduchému myšlenkovému pochodu, jenž je pod jménem „reinkarnace“ (řecky = znovuvtělení) od pradávna pro většinu lidstva samozřejmostí? Všechna velká náboženství a většina všech filozofů učí o převtělování. (V křesťanství byla reinkarnace odmítnuta teprve koncilem v Konstantinopoli roku 553.)

Jedině pro široké kruhy Západu působí toto učení z hlediska materialistické přírodní vědy velmi pochybně a nezvykle. Je to pochopitelné, vyjdeme-li axiomaticky z toho, že vědomí existuje výlučně ve spojení s hmotou, že vědomé procesy jsou vlastně produktem jakési látkové výměny. Pak musí tvrzení o znovuvtělení působit opravdu absurdně. Co se má převtělovat, neexistuje-li nic jiného než tělo?

Ať už je vědecký axiom o tom, že procesy vědomí musí být svázány s hmotou, správný, či falešný, je účelné odsunout jej předběžně stranou, abychom mohli myšlenkový model reinkarnace nepředpojatě pochopit. Základem je tu klasická triáda: tělo, duše a duch. Tito tři činitelé jsou kvalitativně zřetelně odlišní, mohou však na sebe vzájemně působit. Z tohoto hlediska je pak tělo pouze hmotou, tím, co je tu ještě přítomno po jeho smrti. Duch odpovídá životnímu principu, je přímo „životem", bez individuálního či osobního charakteru, je univerzální a nezničitelný. V duši pak spatřujeme onen díl člověka, který můžeme nazvat „vědomím vlastní identity", činitele, který mu vtiskuje individualitu.

Spojí-li se tyto tři podstaty do jedné bytosti, mluvíme o člověku. (Zatím odhlížíme od toho, že tato zákonitost platí nejen pro člověka, ale i pro ostatní přírodní říši.) Život se spojuje s „individuální" duší a obě vytvářejí podle svého plánu hmotné tělo. Živoucí duše je v tomto případě nositelem informace, jehož záměry se projevují v tělesné podobě a jsou formálně zjevné. Tím se tělesné procesy stávají výrazem vědomí.

Věda naproti tomu považuje vědomí za výraz tělesných procesů. Máme tu dvě protikladná pojetí a pro obě dostatek argumentů. Mně je bližší to první, neboť naše zkušenosti ukazují, že pouhá hmota nikdy nevyvolá uvědomovací proces. Měla by „člověčí materie" být výjimkou? I když tuto výjimku přijmeme, zůstává proces smrti značně podivný. Proč by mělo nějaké tělo po šedesát let produkovat vědomí a pak s tím najednou přestat?

Naše hypotéza vysvětluje smrt lépe. Vytváří-li duše tělo, může při odloučení duše od těla vzniknout představa, kterou jsme zvyklí označovat jako smrt. Lidová mluva má pro tento proces vědoucí výrazy: „někdo vydechl naposled, odešel od nás, vypustil duši" atd. Všechna tato rčení vycházejí z toho, že z těla živé bytosti „cosi" zmizelo a zůstala jen mrtvola.

Toto neoživené tělo mohlo být jen stěží producentem všeho toho, co nazýváme životem, vědomím, osobností a individualitou. Toto tělo bylo jen schránkou, prováděcím orgánem. Televizní přístroj potřebuje program, aby mohl uvést operu. Sám ji produkovat nedokáže. Jestliže mu program odejmeme, zůstane jen mrtvá, němá bedna. Je nanejvýš důležité, že se vzdáváme snahy ztotožňovat individualitu nějakého člověka s jeho tělem. Kdo je připraven tento myšlenkový krok alespoň pro jednou pokusně podstoupit, nebude mít žádné potíže při sledování naší reinkarnační hypotézy.

Považujeme-li za možné, že duše je schopna existence bez hruběhmotné materie, ukázaly naše experimenty různá a po sobě následující spojení určité duše (individuality) s těly. Jinak řečeno, individuální „já" projde rytmicky fází jisté tělesné existence, odpoutá se pak od této schránky, aby po fázi mimotělesné existence obnovilo spojení s hmotou. Toto „já" je přitom stále stejné, tělo pak život od života rozdílné.

Zdá-li se mnohým tento předpoklad díky jiným myšlenkovým návykům poněkud vzdálený, přesto obsahuje přesně to, co o sobě všichni lidé vypovídají, jestliže technikou hypnózy nadzvedneme „závory vzpomínek". Je snad přijatelnější se domnívat, že nás všichni lidé krmí stejnou lží, nebo mají stejně nesmyslné sny, než prostě přijmout to, co odpovídají, jsou-li tázáni? Žádná jiná hypotéza než reinkarnace se mi nezdá tak jednoduchá a blízká. Přezkoumáme-li ještě jednou všechny jevy pomocí tohoto modelu, zjistíme, že se nám nevnucují žádné protimluvy.

Jeden fenomén jsem ovšem z dobrých důvodů zatím zamlčel. Ten, který se mezitím stal ústředním bodem mé práce: souvislost mezi psychickými příznaky nynějšího života a traumatickými prožitky dřívější inkarnace. Jakmile jsem tento vztah objevil, byl už jen malý krůček k tomu, abych z napínavého experimentu vyvinul terapeutickou metodu, jejíž úspěchy mi dovolují razit termín reinkarnace.

Reinkarnační terapie

Poznej proud své duše;
odkud a v jakém pořadí jsi přišel.
Zarathuštra

Protokol jednoho terapeutického sezení, duben 1975*:

P: Mám takový hlad a žízeň (vzdychá), nevím, myslím, že mě to zabije.

H: Vyprávějte nejdřív, co jste dělala, vyprávějte mi všechno pěkně pomalu.

P: Co jsem dělala, hm, nevím, měla jsem Afrah, Afrah-Afrah, Afrahmus.

H: Co jste měla?

P: Afrahmus, toho já pomlouvala, pomlouvala, ne, to oni chtějí, já ho pomlouvala, protože – já ho chtěla otrávit – byli tu dva nebo tři muži, ti měli takovou červenou halenu – a na ní takové zlaté pruhy, je to jako malované, na těch halenách jsou tuhle zlaté pruhy, a oni mají na hlavě takové komické klobouky – tak komické, že vypadají jako helmy – jako vojenské helmy, barva vypadá tak jako – jako cín.

H: Jaká je ta barva?

P: Cín, cín neboli cín, cín, cínový příbor, cínový příbor, z mědi a cínu, tak je to, je to tak široké a z té helmy vycházejí paprsky, vypadá skoro jako koruna, ale není – každý z těch mužů nese tuhle korunu.

H: Kdo jsou ti muži?

P: Jsou to ti tři.

*Protokol tohoto sezení začíná poněkud později, protože jsem zapnul magnetofon teprve v okamžiku, kdy jsem náhle zaznamenal regresi do minulého života. Vyzval jsem totiž pacientku, aby se vrátila k příčině svého strachu. Znovuprožití inkarnace nebylo v tomto případě sugestivně vyvoláno ani očekáváno či zamýšleno.

H: Kteří tři?
P: Tělesná stráž.
H: Čí?
P: No jo, čí – nevím – ten má bílý kabát, velmi dlouhý, někdy nosí krátký – ten...
H: Kdo je ten?
P: Ten velký, jak se jmenuje?, ten je štíhlý – jak se jmenuje? – Rrrr, s R, ne – je to nejvyšší velitel – je to imperátor – je to (vzdychá).
H: Co je?
P: Špatně se mi dýchá.
H: Proč?
P: Nevím, to je to! Ten poslal mého muže, poslal mého muže do arény, ten ho tam poslal, já to vím.
H: Co udělal?
P: Ano, ten ho poslal do arény.
H: Proč?
P: Ano, to je, protože byl křesťan (vzdychá). Nevím, jak se jmenuje – Augustiánus – je to možné – je jich tu tolik – bojím se.
H: O koho?
P: Bojím se, nevím.
H: O muže?
P: Ne, já, já – vedou mě – vedou mě pryč, mám strach, mám hrozný strach – všechno je tak temné a čpí to tu hnilobou (naříká), nic tu není na podlaze, ani sláma – a teď mě strčili dovnitř –
H: Jak se jmenuješ?
P: (pláče) Nevím, jak se jmenuji. Já nevím, nevím, já vím, já nevím.
H: Dobře, co dál? Kdo tě sem přivedl?
P: A, Afrahmus, Afrahmus.
H: Kdo je to?
P: Nějaký Latin, nevím proč, ne – je to odněkud, nevím, odkud přišel – nevím.
H: Je to jméno: Afrahmus?
P: Já, mám, já vím, mám takový strach, protože je to tahle

tvář, vypadá strašně, ty vlasy, je to mužská tvář, ty vlasy, ty se mu ježí, a zuby, vypadá úděsně, bojím se ho – mám z něho strach – je to ten, který mě má popravit!!

H: Co jsi provedla?

P: Se dřevem, s dřevěnými dveřmi, se dřevem – chci někomu něco obstarat – jed –, protože, musím projít dveřmi – velkými dřevěnými dveřmi, musím těmi dveřmi, musím jimi projít, musím.

H: Proč musíš projít dveřmi?

P: Je to velmi důležité –

H: Co máš v úmyslu?

P: Chci něco předat. Musím něco předat!

H: Co chceš předat?

P: Hm, něco zkoušíme, nesmím to říct, tak je to.

H: Nějaký jed?

P: Ano, je to něco, co ho zabije!

H: Koho?

P: Nevím, má to být – ne, je to od Afrahma, bratr, bratr, bratrovrah –

H: Jen vypravuj, pořád mluvit a vyprávět, stále vyprávět!

P: Hoho, mám strach (velmi bojácně a váhavě, plačtivě), mám strach, oni mě zabijí.

H: Kdo tě zabije?

P: Musím něco udělat, musím něco udělat –

H: Vyprávěj mi docela pomalu o svých plánech, co chceš udělat, co musíš udělat?

P: Musím, je to císař!

H: Kdo je císař?

P: Nevím – vím, vidím ho, ale je to nápis MVN.

H: Ještě jednou hlasitě.

P: VMN, MVNI, nevím, co to je.

H: Přečti mi ještě jednou, cos právě řekla. Ještě jednou hlasitě, jak to začíná?

P: XMNVNI 111, já – ale je tu ještě něco – oni mě ukřižují –

H: Proč by to dělali?

P: Protože pronásledují křesťany.

H: Jsi křesťanka?

P: Ano, můj muž byl křesťanem, a já jsem taky.
H: Co se stalo s tvým mužem, vyprávěj!
P: Toho předhodili divoké zvěři – Afrahmus.
H: Kdo je Afrahmus?
P: Nevím.
H: Máš ho ráda, nebo nemáš?
P: Ano, mám ho ráda.
H: Afrahmus, je to tvůj muž?
P: Je krásný, samé lokny, samé lokny, hnědé lokny, a má krátký šat – někteří, muži, ti tři, ti mají jeden, který je delší, sahá skoro až ke kolenům, zakrývá stehna, a ten císařův, ten sahá až na zem, je bílý a zlatý, a císař hraje na harfu, není to vlastně žádná harfa, jmenuje se to jinak.
H: Jak se to jmenuje?
P: Nevím, teď mě to nenapadá.
H: Budu počítat do tří, pak tě to napadne. Jedna, dva, tři.
P: Fet, ne, Feder, Feder nesouhlasí. Feder, Feder – to je moje jméno – Feder, Feder, Feder – hm – nevím, je to kyrilsky, ne, co to říkám, nevím, proč – kyrilsky je Feder – Feder je kyrilsky – také nevím, je to dědický podíl.
H: Kde žiješ? V kterém městě, v které zemi?
P: Nevím, jak se to jmenuje, vím, jmenuje se to – domy, jsou tu velké domy s MVN – nevím, Po – ne, není to Po – po – vonde – ne, není to vlastně žádné město, není to město, tenhle kvadrát. Je to kvadrát, je to nějaký kvadrát a spousta malých čtverců – není to žádné město.
H: Jak se ten kvadrát jmenuje?
P: Nevím, nevím to. Je krásný!
H: Řekla jsi nějaké jméno, nebo začátek nějakého jména!
P: Ano, ne, tohle to není – Potenas, Potenas, ne, tohle to není.
H: Jaké jméno jsi právě řekla?
P: Pontenas.
H: Je to místní jméno?
P: Ne, je to nějaký kvadrát, je to kvadrát, takový rostoucí – je velmi půvabná, tahle krajina, je hrozně milá a zelená a je tam hezky – a oni mají – tady bydlíme u jednoho starého muže, bydlíme tu už dlouho – ano –

H: Kdo my, ty a tvůj muž?
P: Ano, rodina, celá rodina.
H: Kolik ti asi je?
P: Nevím – sedmnáct – možná, sedmnáct let.
H: Jsi vdaná?
P: Ano, on je mým mužem.
H: A vy jste křesťané?
P: Ano, my jsme křesťané (plačtivě).
H: Je to nebezpečné, být křesťanem?
P: Ano.
H: Proč?
P: Zabíjejí je.
H: Křesťany?
P: Ano.
H: Kdo?
P: Hm – jsou to legionáři.
H: Prosím?
P: Legionáři, ti nás pronásledují.
H: Kdo vás pronásleduje?
P: Legionáři – ano, ti nás pronásledují, až do tohoto domu, a my je milujeme – je to přítel mého otce, můj otec je mrtev – moje matka je přivlekla – Afrahmus.
H: Kdo je to?
P: Jeden mladý válečník.
H: Odkud ho znáš?
P: Poznala jsem ho – v domě strýce –
H: Ale to není tvůj muž?
P: Nevím, není, ne, to není můj muž.
H: Oni vás milují?
P: Ano, velice, a on – on chce být pokřtěn. Tam se pořád křtí –
H: Kde?
P: Ve večerních hodinách.
H: Kde?
P: V strýcově domě, je to tajné, jmenuje se – je to vila a všechno je tu zelené, kolem dokola, a my se scházíme pod záminkou slavnosti, ale slavíme mši svatou, ne, obětní pobožnost – obětní pobožnost – žádnou mši.

H: Co obětujete?

P: Sierenus, Sierenus, Sierenus, myslím, že je to Sierenus – to jsou obětní dary – a Sierenus se stará o to, aby nikdo nepřišel a nerušil nás – je přitom i starý muž a mladá děvčata, panny – a všichni čekají na zprávu – protože bude válka, ano, bude válka, bude válka.

H: Proti komu?

P: Protože bude válka – proti té – ach, bojím se.

H: Čeho se bojíš?

P: Je tu plno tváří, a ty přinesly nějaké písmo – ale je to nějaké cizí písmo, z nějaké cizí země – ale moc vzdálené, a tohle písmo nikdo neumí číst – a teď budou Sirenia (pláče), ano, protože přicházejí – to nejde – musím být zticha – (sténá a pláče), přicházejí, přicházejí vojáci, a ti nás hledají – da – daa – daarinty – darinnt – darinnty –

H: Co je to za slovo?

P: Ó, to je mezi dvěma kopci, Darinnt-Darinnty.

H: Co je s nimi?

P: (pláče) – Tam jsou všichni ukřižováni.

H: Odkud to víš?

P: Ano, protože jsem to viděla, protože jsem to viděla (pláče).

H: Nemusíš se ničeho bát! Jen vyprávěj, jak je to dál.

P: Vidím plno písmen, ale nemohu je vyslovit, jsou tak cizí – musíme vyřešit jednu úlohu – a když ji nevyřešíme, ukřižují nás. Ale vyřešit tuhle úlohu je nemožné.

H: Jaká to je úloha?

P: Ó – dřevo, z něhož teče krev, je to dřevo, z něhož teče krev.

H: Můžeš mi to vysvětlit přesněji? Jak se ta úloha jmenuje?

P: Zlom dřevo, z něhož teče krev, a přines je před mé oči, a před tyto oči přines dřevo, z kterého teče krev.

H: Jaké je to dřevo, z něhož teče krev?

P: Je to tmavé dřevo, nevím, jak se jmenuje, je to tmavé dřevo.

H: Znáš je?

P: Je to možné, je to možné.

H: Ještě jednou, jak se jmenuje ta úloha? Co musíš udělat, nebo co musíte udělat?

P: Zlomit dřevo, které krvácí, a přines je před mé oči, abych viděl, abych viděl, a světlo, abych viděl – a světlo má zrudnout a nebe má zrudnout –. Vím – dřevo se nachází mezi dvěma kopci v Darinntech, to dřevo se vyskytuje mezi těmi dvěma pahorky.

H: Odkud to víš?

P: Je to dřevo – z kterého se dělají kůly a kříže – na kterých nás ukřižují. Dřevo, kterým nás probodnou, a kde taky poteče krev.

H: A vy jste nemohli úlohu vyřešit?

P: Mohli bychom a byli jsme blízko, ale oni přišli dřív, přišli k nám dřív, ne, dokázali bychom úlohu vyřešit, ale je válka, ano, a nebe, které je krvavě rudé, to je to – měli bychom se ptát, kde je to dřevo, z kterého prýští krev, když se zlomí. Přines je před mé oči, abych viděl rudé nebe. Mám strach – a vím, že když půjdu dál, tak mě chytí.

H: Proč jsi sama, kde jsou ostatní?

P: Kde? V horách, asi v horách, nevím to, snad v horách, v kopcích za pahorky – ano, a to před branami.

H: Před čími branami?

P: Našeho Romána.

H: Před čími branami?

P: To je Románum.

H: Co je to Románum?

P: Kde všichni žijeme.

H: To se nazývá Románum?

P: Ano, to je Románum, protože to tak nazvali, Románum, ale ještě jedno jméno – ještě jedno jméno – mám pořád strach, jen aby to bylo pryč – a Afrahmus – mám něco, čím mohu někomu prokázat laskavost. Přináším mu – přináším mu něco, co vypadá – ano – jako mana, ale není, jen to tak vypadá – a bude mrtvý, když z toho pojí – a bude mrtvý, ale dřív bude všemu konec.

H: Kdo má být mrtvý, když to snědl?

P: Je to přítel, něčí přítel – nevím – jméno mě nenapadá – vím, jak vypadá, ale nevím, jak se jmenuje.

H: Jakou má funkci, co dělá?

P: Všechny utlačuje, všechny lidi, drží si otroky, a vládne velké říši, veliké říši. Má velkou moc, hrozně velkou moc, ale nenávidí křesťany, nenávidí všechny křesťany.

H: Má velkou moc – je to král, císař?

P: Ne, ne, je to imperátor, je to imperátor, je to ten – ne, císař, – má plno titulů, plno titulů – Augustus, Augustinus, Augustus, ne, Augustinus, ano, Augustinus. Nenávidí všechny křesťany, nenávidí všechny křesťany z Romána – má být vyčištěn, Románus, má tam zůstat jen ušlechtilé plemeno – a žádní psi jako tihle křesťani – jah – jah – n – jehn – jsou obětovány – jehne.

H: Co je obětováno?

P: Nevím, jehn – jehne – jehne. Ano, mnozí přinášejí jehne, nosí jehně, ovce –

H: Jak je to s tebou dál, ty někoho otrávíš?

P: Ano, já, to je – zapeču to do chleba.

H: Jaký je to jed? Odkud ho máš?

P: Je to komora nějakého Mesiá – ne – mesi – s květinami a rostlinami.

H: Od něho máš jed?

P: Ne, sama si ho obstarám, ukradnu.

H: Víš, že je to jed?

P: Přísahám.

H: Co přísaháš?

P: Přísahám, je to jed, zabila jsem ho!

H: Koho?

P: Sssirena, Sirena.

H: Snědl chléb?

P: Ano.

H: Měl ho sníst?

P: Ano, měl ho sníst.

H: Proč?

P: Aby nás nezradil, ale on to neudělal –

H: Co neudělal?

P: On nás nezradil, ale já si myslela, že nás zradil.

H: Kdo je Sirenus?

P: (pláče) Je to – myslím – je to brat – můj bratr – přísahám –

H: Co přísaháš?

P: Chtěla bych si to odpykat – nevím – musím to udělat.
H: Co musíš udělat?
P: Zvednout tři prsty! Musím přísahat před spoustou lidí, a ti mě ukřižují.
H: Proč tě ukřižují?
P: Ne proto, že jsem křesťanka...
H: Nýbrž?
P: Protože jsem se dopustila vraždy, zákeřné vraždy jedem. On by to prozradil, a Taurus řekl, zrada – Taurus, Taurus se jmenuje ten člověk, který mi poručil upéct manu s jedem a dát mu ji. Peču ji, je tmavá a dlouhá, blýskavá, jako nějaké ovoce. Jed je z ovoce, z nějakého ovoce, které – nevím, jak se jmenuje, pochází – ne, nebo přece – z moc vzdálené země a je tmavohnědé, skoro tak tmavé jako ebenové dřevo – skoro černé, a je dlouhé, velmi dlouhé a úzké, a chutná, když se okusí, jako něco, co vypadá zrovna tak. Proto se nepozná, když se zapeče do chleba – to je u nás takový zvyk. V těchto dnech se do chleba vždycky něco zapeče.
H: Jaké jsou to dny?
P: Zapeče se to do chleba.
H: V jakých dnech? Jak se říká této době?
P: Obrácené „T" – nevím.
H: Jaký má tento čas význam, je to nějaká slavnost?
P: Ano, je to slavnost, slavnost vzkříšení, a tehdy to zapékáme. Ale není to pravé ovoce, nýbrž to jedovaté.
H: A ty zapečeš tohle jedovaté ovoce dovnitř?
P: Ano, protoře Taurus mi to poručil.
H: Jinak bys to neudělala?
P: Ne, myslím, že ne.
H: Kdo je Taurus?
P: Taurus je voják, ne, je to písař, písař u jednoho pána, v jeho domě.
H: Je to křesťan?
P: Říká, že je křesťan. Ano, je to taky křesťan.
H: A pro koho je chleba určen?
P: Pro Sirena.
H: Je Sirenus křesťan?

P: Je to křesťan, ale je to zrádce, je to zrádce.

H: A on jí tento chleba?

P: Ano, přinesla jsem mu ho v košíku, upleteném z proutí. Košík je malý, ale má dlouhé držadlo – držadlo k nošení, a já stojím před ním, a vedle mě stojí dvě malé děti, podávám mu chleba. Je to před nějakou velkou budovou, je tu nějaká – nějaká – nevím to, nějaká velká klenba, před kterou stojím, a on teď jí chleba, jí chleba, musí teď umřít – a tázavě se na mě dívá, naprosto tázavě a nic neříká – jenom naprosto tázavě a velké oči, nevím, já – co mám dělat – co mám dělat (pláče), bratře – já jsem...

H: Vyprávěj všechno, co si myslíš!

P: Jsem vyděšena, nemohu dýchat, špatně se mi polyká.

H: Proč? Povídej klidně dál.

P: Nechtěla jsem to, on to nebyl, on to nebyl.

H: Odkud to teď víš?

P: Protože se na mě tak podíval, tak zděšeně a tak tázavě, že on to nebyl – že on to nebyl – on to nebyl, vím to, nebyl, a jdu dovnitř a zkouším to – ale tu jdou pro mě stráže, přicházejí pro mě stráže. Ano, a vidím strýcův dům, a on tu stojí a vyhlíží velice smutně, má dlouhý, dlouhý plášť, dlouhý šat, a stojí tu a dívá se na mě, dívá se na mě a nic neříká, a já můžu číst v jeho očích, je smutný z toho, co jsem udělala, že jsem věřila Taurovi – otáčí se a odchází. A já půjdu před tribunál.

H: Kam půjdeš?

P: Půjdu před tribunál a budu zde... Stojím v nějakém velkém sále, vypadá jako kostel, stojím tu, kolem je plno mužů, ti všichni vynesou rozsudek – některé z nich znám – jsou to někdejší přátelé mého otce – ano, některé znám – přiznávám se, přiznávám se, přiznávám, přísahám, jsem vražednice, najatá – ale jsem vražednice, ano, Taure, Taure, kam teď jdeš, on odchází, kde je slunce krvavě rudé, a já budu v údolí...

H: Vyprávěj úplně klidně dál!

P: Mám strach, ale už ne o sebe, co se stane s ostatními – co se jim teď stane – co je čeká? A pak Afrahmus, ošklivím se mu

– nechce mě už vidět – nikdy. Ti muži, všichni se vyptávají tak hlasitě.

H: Nač se vyptávají?

P: Mám jim říct, kde křesťané provozují tajné mše – jejich pobožnosti – mám povídat o něčem z toho, co křesťané dělají a proč to dělají – a oni se mi smějí, vysmívají – prý nejsem žádná křesťanka – protože jsem vrah, bratrovrah – a oni mě proto křižují, ne proto, že jsem křesťanka. Je jich tolik, kteří říkají, že milují Boha, ale nemilují ho, nesmějí kromě císaře nikoho milovat – dělá to tak už dlouho, snad patnáct – dělá to tak už osmnáct měsíců, nebo to jsou dny, ne, pronásleduje křesťany a ve dne v noci posílá své vojáky po domech, aby vypátrali ty, co se ukrývají, a pak je nechá zamordovat. Je to strašné, mám se zříct svého Boha – mám přísahat, mám přísahat – neudělám to – mám zapřít Boha, Krista, přijdu o hlavu, ať je, jak je, je to jedno za co, vím, že musím umřít, a já bych ráda – protože toho lituji – (pláče). Taurus odchází, tam, kde jsou dny ze tří čtvrtin zaplněny, ze tří čtvrtin zaplněny – přes polovinu – stěhuje se do země, kde jsou dny ze čtvrtiny světlé a po ostatní dobu tmavé, je noc – ano? Mám takové čáry a kruhy, hodně čar a znamení, ale neumím číst, proto taky nemůžu nic rozluštit – neumím číst, není mi dopřáno tohle privilegium – muži, všechny vyšší stavy, ti umějí číst, a někteří z nich jsou písaři, tak jako Taurus. Ale já neumím číst ani psát – ale vyznám se v rostlinách – to se mi stalo osudným – Taurus to nastrojil, moc šikovně – ano, přišel do našeho domu a tvrdil, že je křesťan. Za této podmínky si získal naši důvěru – a já mu uvěřila, protože jsem byla slepá a zabila jsem pak svého bratra. Nic neřekl, ale tak tázavě, tak tázavě zvedl oči – ocitám se v hladomorně, vedou mě tam, po točitých schodech, a tam jsem uvězněna, abych už nemohla přísahat a nemohla litovat – hm – protože mám na rukou, mám na kotnících něco, nevím, jak se to jmenuje, něco kovaného, je tu kovář, jsem přikovaná, musím čekat, pak nás odvedou – nevím, co teď přijde, mám strach, mám hrozný strach, co se stane. Je tu plno žen, a všechny mají vlasy, dlouhé vlasy, a teď jim budou spáleny, spáleny, ano, přivážou nás na kříž provazy a zapálí oheň, zapálí oheň. Mám strach, bojím se...

H: Jsi úplně klidná, vyprávěj dál, co se stalo.

P: Mám strach.

H: Nebudeš teď nic cítit, jenom vidět. Klidně a pravidelně dýcháš a vyprávíš mi, co se stalo. Povídej!

P: Sbírají dřevo a kladou je pod nás, ale ještě je nezapalují, protože musíme, musíme tu zůstat, dokud nebe nezrudne, ale mě už to nevadí, protože...

H: Vyprávěj dál.

P: Jdu, odcházím, odcházím od sebe, jdu pořád dál...

H: Odcházíš od sebe?

P: Ano, odcházím od sebe, hm.

H: Můžeš ještě něco vidět?

P: Nevím, ne, přesto je to krásné, ano, protože vidím naše těla, všechna – nic už mě nebolí a je to krásné!

H: Co teď cítíš?

P: Je to jako klouzačka, pořád dál – hlasy – je to – jako celý svět – je to svoboda, vidím, že jsem všechno a nic – jsem tady.

H: Co říkáš?

P: Jsem tu i tam, ale jsem tady, to je – jsem něco, co ze mě samo odletělo. Teď jsem opravdová a čistá, teď jsem – je to silné, takový mimořádný pocit, já jsem já, hm, ale není to nic, co bych cítila, nic k vidění, nic k slyšení, jenom, jsem to já, nic – odcházím zpátky.

H: Kam?

P: Nevím, všude je hudba, ano, ve všech sférách, neznám to, nemá to žádné jméno, ale je to hezké! Čekám na něco, na něco čekám – protože cítím, jak se něco upevňuje – spirálovitě.

H: Dobře, ale dříve, než si tyto všechny věci dobře prohlédneš, postupme v čase trochu dopředu, stále dál, nehledě na podrobnosti. Proletí století za stoletím, až přistaneme v roce devatenáct set.

P: Ano, vracím se do nějakého těla, chci říct: vstupuji do nějakého těla, ano, přes tolik závitů, než se dostanu dovnitř, a proto se mi zdá, že život uteče, ne, nevím, jestli život uteče. Vzduch...

H: Ne, vzduch nemůže utéct, narodíš se!

P: Ano, je to příjemné! Teď to vím, vím to!

H: Co víte?

P: Že se stávám člověkem, vím to, vím, že začíná proměna v člověka, vím to.

H: Od této chvíle vás naplňuje hluboký klid. Z ničeho už nemáte strach.

P: Ano, to souhlasí, prostě to vím.

H: Co cítíte?

P: Klid, klid a radost z klidu – a širé moře, tedy širý svět, ne, všehomír, je to pocit, tak daleký a velký a široký, není to prostorový pocit, nedá se to popsat, opravdu krásný – ano (směje se).

Leží tu a září. Paní Inge S. z Norimberka, dvacet osm let, vdaná, v domácnosti, právě má za sebou třinácté sezení. Je to moje pacientka. Nechtěla poznat své „předživoty", jenom se osvobodit od velkého počtu symptomů, které ji už několik let tížily. Než přišla ke mně, přerušila pro různé překážky psychoterapii, která trvala půl druhého roku. Rozsah jejích příznaků byl velký a zčásti opravdu originální. Měla deprese a příležitostně trpěla hrozným strachem. Nedokázala sama opustit dům a bála se lidí. Zvlášť nenáviděla všechny ženy, přičemž z těch těhotných měla pocit, že je musí bít, neboť „každá těhotná žena je určitě vražedkyně". Nemohla se podívat do žádného zrcadla, a proto už řadu let nebyla u holiče. Česání jí činilo velké potíže, protože „nemohla najít prostředek – prostředek života". Pokud míjela nějaké lidi, kteří se jí vůbec nelíbili, zadržela dech, aby nemusela sdílet ten jejich. Když se jí někdy podařilo vyjít z domu, dělalo jí potíže vrátit se. Všechny symptomy byly promíchány s náboženskými představami, mluvila o dědičném hříchu, o strachu, že bude odhalena, a soudila, „že je něco, co musí být vyřčeno".

Začal jsem svou terapii tím, že jsem v hypnóze nechal vystoupit jednotlivé příznaky a prožít jejich citový obsah. Tento pocit mi slouží jako hlavnní linie, jako červená nit, jež vede pacienta k tomu, aby za tímto pocitem postupoval dále do minulosti, až najde nějakou událost či prožitek, které odpovídají tomu pocitu. Tato technika, postupovat zpět podle jisté emoce, je velmi úsporná a plodná. Pacient sám od sebe narazí na události, které mají tematickou souvislost, neboť vykazují podobnou citovou hodnotu. Kdo tento způsob regrese nikdy neprožil, dokáže si ji jen těžko představit.

V normálním případě, u pacienta, který vyžaduje hypnózu či techniku denního snění, tato regrese většinou sleduje optickou cestu. Pacient leží se zavřenýma očima, pociťuje příjemné uvolnění a před zavřenýma očima mu probíhají zážitky jako ve filmu. Prohlíží si záběry a současně referuje o tom, co vnímá. Nyní závisí na hloubce hypnózy a na osobnosti pacienta, zda k ději vznikne, či nevznikne vnitřní odstup.

V hluboké hypnóze je viděné současně prožíváno; pacient zažívá se všemi emocemi to, co právě vidí, aniž ví o tom, že leží na gauči a je účastníkem terapeutického sezení. Pokud není hypnóza hluboká, dotyčný přesně ví, kde je, přesto však filmovým způsobem někdejší prožitky sleduje. Při této technice rozhoduje to, že pacient nepátrá po vzpomínkách, neprobírá se aktivně pamětí a nenachází tak jenom to, co více či méně dobře zná, nýbrž se zcela pasivně poddává tomu, co přichází samo od sebe. Neprodukuje žádné obrazy, ty vystupují samy. Tím tato metoda nabízí přímý přístup rovněž k potlačeným, neuvědoměným prožitkům.

Tímto způsobem můžeme také velmi rychle vypátrat důležitá traumata z let raného dětství. Hledání traumatu či více traumat je základním modelem mého postupu; na tom není nic nového a tvoří to základ téměř všech terapií hlubinné psychologie. Vychází se z toho, že základem určitého symptomu je nějaký tíživý zážitek v minulosti, který byl díky svému nepříjemnému charakteru vytěsněn z paměti.

Člověk sice může vzpomínku na nějakou událost potlačit, nikoli však její emocionální podíl. Tato emoce, patřící k určité události, se volně potuluje a při nějaké pozdější příležitosti, která svou podobností připomene potlačený prožitek, se projikuje do nové situace. Tak vzniká symptom.

Terapie by měla tento proces obrátit. Jejím cílem je proto potlačené a zapomenuté události znovu dostat do vědomí. Podaří-li se tohoto uvědomění dosáhnout, symptom zmizí. Pacient se symptomatické projekce vzdá, neboť pozná, že pocit ve skutečnosti patří k dávno minulému prožitku. Naučí se své emoce, které projikuje z momentálních popudů, správně časově zařadit.

Vidíme tu enormní význam času. Neuróza vzniká koneckonců tím, že člověk nedokáže své emoce správně časově zařazovat.

Předpokládejme, že nějaká mladá žena má strach ze všech mužů. Neumí si vysvětlit proč, její strach se jí zdá nesmyslný, přesto však tu je. Důvodem může být například to, že ji jako pětileté děvče nějaký cizí muž přepadl na lesní cestě, svlékl a osahával. (Takovou událost nazýváme trauma, řecky = zranění.) Tento prožitek v ní tehdy vyvolal velký strach, ze strachu a studu o něm nikomu nevyprávěla. Časem na tento zážitek zapomněla. Zapomnění je však jen zdánlivým řešením, neboť nic se tím neodstraní, jenom ochrání před nahlížením. Strach, spojený s mužem, zůstává.

V tomto případě pociťuje mladá žena strach pokaždé, přijde-li do kontaktu s mužem. Mluvíme tu o restimulaci. Znamená to, že díky nějakému vnějšímu podnětu (= stimulaci) se znovu vyvolá citová hodnota někdejšího prožitku, podobného nynějšímu podnětu. Žena se ani při nejlepší vůli nezbaví strachu z mužů do té doby, dokud nepozná skutečnou souvislost. Má však možnost vědomě poznat, že její nynější strach je vlastně strachem, který kdysi pocítila jako pětiletá, a zbavit se projekce. Nyní může strach správně časově zařadit. Jejím problémem tedy byla časová mýlka.

Na počátku znám jenom příznak nějakého pacienta. Domnívám se, že příčinou je jakýsi nepříjemný zážitek (trauma) z minulosti – ale oba, pacient ani já, trauma neznáme. Je jisté, že všechno, co mi pacient může povědět (většinou obšírně), nemá s příznakem nic společného – neboť je to vědomý materiál, jinak by mi neměl co říct. Co je však vědomé, to k symptomu nevede. Problém spočívá v nalezení vyhledávací techniky, která najde neznámé. Každá technika, která hledané vskutku objeví, je dobrá.

V psychoanalýze se používají volné asociace, výklad snů a podobně. Já používám jako pomocný prostředek hypnózu, abych otevřel přístup k nevědomému, a potom sleduji červenou nit tak dlouho, dokud mě nedovede k hledané události. Tou červenou nití je emoce. Znám ji konečně jako symptom a musí se objevit u hledané události.

V takové schematizované podobě vypadá tato metoda velmi prostě, ve skutečnosti tak hladce nic nejde. Potlačený materiál se brání vyzdvižení do roviny vědomí. Souboj s touto obrannou reakcí je tím, co při psychoterapeutickém šetření stojí nejvíce času.

Narážíme tu zřejmě na energetický problém. C. G. Jung ve svých raných psychiatrických studiích navrhl komplexní model, který se mi zdá vhodný pro vysvětlení energetického dění. Jung ve svém pojednání „Citově zdůrazněný komplex" popsal, jak se vedle já-komplexu vytvářejí na molekulární bázi další komplexy, z nichž každý usiluje o zvyšování vlastní intenzity. „Veškerá psychická energie se věnuje komplexu na úkor ostatních psychických materiálií." (Komplex tu znamená vyšší svazek různých představ, jež jsou drženy pohromadě afektem.) Takový komplex si můžeme představit jako stále rostoucí krystal. Nějaký afektivní zážitek shromažďuje kolem sebe v následujícím čase všechny pocitově podobné události a nabíjí se tak stále větší energií. Tento energetický růst může jít tak daleko, že dosáhne síly normálně nadřazeného já-komplexu, nebo hrozí, že ji přesáhne.

Všechny potlačené a zapomenuté události tvoří právě takový komplex, který se od ostatních liší svou energetickou silou. Pro toto energetické obsazení používáme termín „náboj". Mluvíme o „vysokém náboji", když určitý komplex či skupina zážitků příliš naroste a obsahuje velký afekt.

C. G. Jung již ve svých raných letech ve svých asociačních pokusech experimentálně prozkoumal a popsal zákonitosti citově zdůrazněného komplexu a jeho rušivý vliv na lidské myšlení a jednání. Pokusný charakter tohoto experimentu je jednoduchý: pokusná osoba slyší slovo, jež je podnětem, na nějž má reagovat jiným slovem, které ji přitom právě napadne (asociace), např. strom – kořen, líbat – milovat apod. Podle druhu odpovídajícího slova a z délky času mezi podnětem a reakcí se dá usoudit, zda podněcující slovo zasáhlo nějaký komplex, či nikoli.

Jung později tyto experimenty rozšířil tím, že současně měřil psychogalvanický odpor kůže pokusné osoby. Tento pokusný systém, který je v letech moderní elektroniky podstatně jednodušší než v době Jungově, je schopen to, co nazýváme nábojem, numericky poměrně exaktně změřit. Vidíme tuto zákonitost: čím vyšší má komplex náboj, tím hůře dochází k jeho uvědomění. Tento vztah zná každý v jednoduché formě na příkladu různých fóbií ze zvířat. Čím větší strach z určitého zvířete, tím hůře na ně dokážeme pohlédnout. A uvědomovací proces není nakonec ničím jiným než takovým „pohledem". Musíme na událost, která byla tehdy tak nepříjemná či afektivně nabitá, že byla potlačena, nyní vícekrát pohlédnout, abychom si ji uvědomili. Nahlížení s sebou ale přináší opět celý citový dojem – a právě z toho má vědomí strach, tím více, čím je afektivní náboj silnější.

Zde je příčina, proč nalezení hledaného traumatu není většinou tak snadné. Vědomí se brání. Tato obrana je současně ochranným mechanismem, který chrání naše já před zaplavením pocity a stará se o to, aby nějaký silný komplex se vší svou energií najednou neexplodoval jako bomba. Jestliže byl náboj už v době potlačení slušně velký, v mezičase ještě mnohonásobně vzrostl, protože komplex na sebe nabalil podobné prožitky. Co tedy máme dělat, chceme-li na jedné straně traumatický komplex dostat do vědomí, ale na druhé nechceme vypnout smysluplnou obranu pojistného mechanismu?

Vraťme se ještě jednou k případu zoofobie. Představíme si někoho, kdo má hrozný strach ze zmijí. Už když slyší slovo „zmije", udělá se mu zle. Obrázky zmijí se mu hnusí. Kdybyste takovému člověku pověsili na krk velkou, živou zmiji, způsobili byste mu jistě mocný šok, jímž by se strach ze zmijí ještě zvětšil místo toho, aby se od něj osvobodil. Jestliže je to poslední vaším cílem, měli byste pravděpodobně postupovat o něco opatrněji a pomaleji. Možná mu nejprve vyprávějte něco o pozitivních stránkách zmijí, ukažte mu pár obrázků a pokuste se tak smířit ho s objektem jeho strachu. Když mu pak z odstupu ukážete opravdovou zmiji, bude se zpočátku ještě odvracet, ale pak se na ni na chvilku podívá, až si pomalu a postupně na ten pohled zvykne.

Tento postup, který je každému jasný, je dnes v potlačovací terapii znám pod názvem „systematické znecitlivění“ a často užíván zvláště u fobií. Chceme v této souvislosti zdůraznit něco trochu jiného, neboť naším problémem není zoofobie, ale „komplexofobie“. Z tohoto hlediska se budeme při našem hledání traumat nejlépe orientovat. Představíme-li si názorně takový komplex jako velkou molekulu, nachází se uprostřed coby jádro hledané trauma, tj. původní zážitek, kolem něhož se shlukují jako jednotlivé atomy podobné prožitky, které se mezitím vyskytly. Tento komplex lze rychle nalézt, neboť symptom je jeho výrazem. V duchu zmíněného postupu se nebudeme pokoušet ihned atakovat jádro, ale začneme s vnější slupkou. V praxi to znamená, že pacient nejprve referuje o nějakém zážitku z posledního týdne, který tematicky či pocitově s komplexem nějak souvisí.

Mluvím-li o referování, není to zcela exaktní. V našem případě se snažíme spíše dosáhnout toho, aby pacient onu událost znovu prožil a nebyl to jen paměťový výkon, jímž nám poskytne intelektuální náhled na událost. Je velký rozdíl, jestliže řeknu: „V posledním měsíci mě navštívila tchyně a pohádali jsme se kvůli dětem,“ nebo se přenesu nazpět a teď to prožívám: „Tchyně se objevila ve dveřích, má na sobě zelený kostým. Vidím, jak jde do pokoje, a slyším, jak mi říká...“

Pomocí hypnózy a techniky obrazného myšlení je znovuprožívání nějaké situace opravdu lehké, a to i tehdy, je-li časově velmi vzdálena. Jestliže každý zážitek představuje jeden atom naší komplexové molekuly, při znovuprožití se příslušný atom vybije a ztratí svůj náboj. Tímto způsobem je možné velkou molekulu pomalu stále zmenšovat, čímž se pacient podél časové osy vrací stále dál a znovu prožívá a ještě jednou nahlíží všechny situace, které jsou součástí komplexu. Čím více se vrací do minulosti, tím více událostí se vynořuje, takových, na něž si pacient „za normálních okolností" nemohl vzpomenout. Většinou ke svému překvapení zjistí, že „nemoci si vzpomenout" ve skutečnosti znamená „nechtít si vzpomenout" a že žádné zapomnění neexistuje.

Pokračuje-li se důsledně v tomto procesu uvědomování, narazí se jednou nezbytně na jádro, na pravé trauma. Tuto událost je možno uvědomit si právě proto, že její „náboj" mezitím klesl na snesitelnou míru, a proto je pacientovým vědomím uchopitelná. Přitom hraje svoji roli i osoba terapeuta, který je svým způsobem porodníkem a svou přítomností zmenšuje pacientův strach. Dva lidé tedy pomáhají uvolňovat náboj traumatizujícího děje, což pacientovi usnadňuje konfrontaci s neznámým. Tíživý a tísnivý je jenom proces uvědomování, nikoli poznání vlastní události.

V témže okamžiku, v němž je událost plně uvědoměna, cítí se pacient rázem volněji a nemá už žádné potíže či strach. Dá se to srovnat s narozením dítěte. Potíže se týkají jenom průběhu, nikoli výsledku. Je tedy zcela lhostejné, jak je událost strašná; když ji pacient opravdu pozná, přestane na něho působit.

Toto je důležité pravidlo: Všechno, co je vědomé, nemůže už bolet. Může se totiž stát, že se někdo po uvědomění určité události necítí vůbec dobře, pociťuje najednou divný neklid, případně napětí a bolení hlavy. Má sklon hledat příčinu v uvědoměné události a vysvětlovat si následky jako jisté potíže s jejím zpracováním. Takové vysvětlení je falešné. Objeví-li se negativní následky, znamená to, že uvědoměná událost nebyla skutečným jádrem komplexu. Odkrytím některé události byl uvolněn materiál, který se pod ní skrýval, a ten nyní tlačí na práh vědomí. V takovém případě je možné vést proces co nejrychleji dál, pokud materiál sám od sebe nestoupá na povrch. I zde platí poučka: symptomy a potíže způsobuje výlučně neznámý materiál, nikdy vědomé věci.

V okamžiku, kdy pacient znovu prožije ústřední trauma, prožije je se všemi emocemi, které k němu patří. Tím se opět spojí obě věci, které byly v průběhu potlačení od sebe odděleny: událost a emoce. Poté, co pocit našel svou komplementární polovinu a znovu se s ní spojil, nemusí už být projikován. Symptom, jak jsem se už zmínil, byl jen trvalým pokusem spojit volně se potulující pocit s podobnou událostí a tuto možnost nabízela v minulosti jenom projekce. Tento proces se ovšem rázem zastaví, jestliže pocit najde své pravé místo v minulosti – symptom zmizí.

To, co jsem řekl, by mohlo prozatím postačit jako teoretický koncept, abychom se mohli vrátit k naší první představené pacientce. Vyhmátl jsem určitý symptom, např. neschopnost opustit dům, a nechal tuto situaci v hypnóze prožít. Vystoupivší pocit, totiž zcela specifický strach, jsme zvolili jako hlavní linii, abychom se mohli vrátit k dřívějším událostem, při nichž se tentýž pocit již objevil.

Tak jsme se velmi rychle dostali do dětských let a objevily se ony psychické vazby, které každý psychoanalytik zná: láska k otci, tajná žádost po otci jako sexuálním partnerovi, nenávist k matce jako rivalovi, trestání onanujícího a s tím spojené kastrační představy. To vše je dobře známo z průkopnických prací Sigmunda Freuda a hodilo se to i v našem případě velmi dobře k pacientčině symptomatice. Vnitřní souvislost byla nahlédnuta a pochopena, symptomy postupně ztratily své ostří.

Tento průběh zabral asi dvacet prvních terapeutických hodin. Pomocí hypnózy lze ve srovnání s psychoanalýzou dosáhnout značné časové úspory. Jsou tu tedy kombinovány dvě techniky, jednou hypnóza, podruhé analýza. Tato metoda je pod názvem hypnoanalýza ve Spojených státech podstatně častější než u nás.

U nás se užívá hypnotická terapie většinou stejně jako čistá sugestivní terapie a je označována jako „zastírací manévr". Tato terapeutická forma, která pochází ještě z počátků hypnózy, rezignuje na jakoukoli analýzu (analyzovat = odkrývat) a místo toho pracuje výhradně s léčivými sugescemi, které jsou obsahově protikladné symptomům. Tak se dají například léčit silné komplexy méněcennosti, když se pacientovi v hypnóze neustále sugeruje: „Cítíte se vždy a všude klidně, svobodně a sebejistě!" Zde nejde v žádném případě o možnost dobrat se příčiny pocitu méněcennosti, ale jen o pokus nahradit jej jiným programem. Nebezpečím tohoto druhu terapie je na jedné straně upadnutí do dřívějšího stavu, na druhé straně posun symptomů, neboť základní problém nebyl odkryt. Přesto tento postup dosahuje často přesvědčivých výsledků.

V ideálním případě by měla i zde působit kombinace hypnoanalýzy a sugestivní terapie. Zvláštní hypnotický stav usnadňuje průběh analýzy, šetří čas a vyhýbá se oklikám a současné pozitivní sugesce zaplňují „žádoucími programy" nový duchovní prostor, který se otevřel díky analýze. Tím lze pomocí kombinace různých metod dosáhnout maximální úspěch, který izolovaná metoda nepřinese, nebo zapůsobí podstatně pomaleji.

V Německu bychom si měli zvyknout na to, že je třeba oddělovat hypnotickou terapii od klasické sugestivní terapie. Hypnóza sama o sobě není žádnou terapeutickou formou, jenom pomocným prostředkem, jímž se nám daří co nejrychleji a přímo proniknout do pacientova nevědomí. Terapie začíná teprve tehdy, když se to podaří. Hypnóza jenom otevírá dveře a odpovídá zhruba chirurgovu noži, jímž se otvírá břišní dutina. Teprve potom přichází operace. To, že terapeut používá hypnózu, nevypovídá ani to nejmenší o jeho terapii.

Neexistuje žádná hypnoterapie, existují jenom terapie, jimž hypnóza slouží – což by se ovšem mohlo a mělo dít častěji, než je u nás zvykem. Od Freudových časů se ví, jak významná jsou první léta dětského života pro pozdější vývoj člověka i pro porozumění pozdějším neurózám. Právě hypnóza umožňuje mimořádně rychlé a intenzivní rozpomínání a znovuprožití těchto raných životních let.

Vždyť už na samém začátku je událost, která je nesmírně důležitá a zanechává v nás rozhodující dojem, totiž porod. Průběh porodu, poznámky matky, lékaře a porodní asistentky k novému občánkovi i o něm mají na dítě nedocenitelný vliv. V mylné víře, že kojenec nerozumí ani slovo, bývají v této situaci řečeny věty, které mají na novorozeně zničující účinek. K líčení porodu a toho, nač by se při něm mělo dát pozor, se ještě dostanu. Zde budiž pouze zdůrazněno znovuprožití průběhu porodu a jeho uvědomění jako důležitý terapeutický krok, který by neměl v žádném sezení chybět.

Avšak ani zde nezůstávám stát a vracím se s pacientem dále do minulosti. Prošetřujeme embryonální stav, zda tu dítě nezískalo dojmy, které by ovlivnily jeho další vývoj. Nemám tu nikterak na mysli pouze fyzické vlivy, nýbrž především psychické působení rodičů na dítě. Člověk žasne, kolik nepřístojností se děje. Rodiče by žasli, kdyby věděli, jak dítě reaguje na jejich chování už před narozením.

Výchova dítěte začíná při jeho plození. I tuto událost při terapii oživuji. Tohle může mnohým lidem připadat nemožné a většinou se i moje pacientky útrpně usmějí, když obracím pozornost k tomuto kroku. Potom však všechno probíhá rychleji a snadněji, než by se dalo očekávat. Porod, fáze embryonálního vývoje a početí jsou najednou prožity s plnou životností, opticky, akusticky a s tělesnými pocity i bolestmi, které k tomu patří. Zde také najdeme příčinu, proč si některá žena po celý život připadá ve své pohlavní roli méněcenná a přála by si být raději mužem. Po pohlavním styku řekl otec: „Doufám, že z toho nebude žádné děcko, a když, tak aspoň kluk."

I u naší pacientky, kterou chceme jako příklad sledovat, přineslo embryonální stadium vznik jednoho symptomu. Vzpomeňme, že pociťovala agresi zejména proti těhotným ženám a všechny matky označovala za vražedkyně. Když jsem tento příznak sledoval, narazil jsem na prožitek potratu. Matka mé pacientky podstoupila v třetím měsíci pokus o potrat. Masivní ohrožení života bylo oním traumatem, od něhož symptom odvozoval svou citovou hodnotu. Moje pacientka ještě jednou vědomě prožila tento pokus o potrat, se všemi bolestmi, obavami a pocity nenávisti. Znala pak příčinu svého postoje k těhotným a nenávist i agrese zmizely.

Analytický výklad zážitků z dětství už nebyl tak úspěšný. Byly objeveny a potvrzeny souvislosti i vztah k symptomu, příznaky pozvolna ztrácely na ostrosti, pacientka se cítila krok za krokem lépe, přesto však řada příznaků nechtěla zmizet. Obrat nastal při onom třináctém sezení, při němž paní Inge S. sama od sebe a bez zvláštní sugesce rozšířila regresi a plna vzrušení začala bez ladu a skladu vyprávět zážitky, které nepocházely z tohoto osmadvacetiletého života. Teprve když jsem tento obrat zaznamenal, zapnul jsem magnetofon, čímž protokol začíná jakoby z prostředka.

Čteme-li takový protokol, uniká nám bohužel celá dramatičnost, jakou takové sezení poskytuje. Celé pacientčino tělo bylo rozrušeno, sténala, křičela, pak byl zase její hlas stísněný a skeptický. Když přísahala, zvedala svou ruku křečovitě a stále znovu k přísaze. Nejvíce fascinující však byla asi po jedné třetině náhlá proměna hlasu. Z jejího normálního tónu se najednou stal hluboký, drsný hlas, jaký by spíše patřil muži. Nový hlas se v ničem nepodobal jejímu normálnímu a působil téměř strašidelně.

K tomu přistupuje to, že tato žena se ve svých školních letech neučila latinsky ani nezískala žádné vědomosti o historických poměrech starého Říma. Právě tak neměla žádné znalosti o reinkarnaci. Je věřící katoličkou a její symptomy byly podle toho zabarveny. Tím překvapivější bylo, že po tomto sezení neměla pacientka žádné těžkosti se zpracováním a zařazením nových a náhle získaných prožitků z možného „předživota". Mluví pro to i závěr sezení, v němž řekla: „Vím, že se stávám člověkem, vím to, vím, že začíná proměna v člověka. Cítím klid a radost, širé moře, širý svět, ne, všehomír, je to pocit, tak daleký a velký a široký, není to prostorový pocit, nedá se to popsat – opravdu krásný..."

Když jsme se viděli o týden později, při dalším terapeutickém sezení, stěžovala si paní Inge S. ještě na jeden speciální symptom, který ji tak jako dříve obtěžoval. Objevovaly se jí často ve tváři rudé skvrny, za něž se velmi styděla a které zesílily zejména tenkrát, když měla opustit dům. Měla vždycky strach, že lidé budou na jejích skvrnách něco zkoumat, ale nevěděla co. Během terapie jsme již sice na něco přišli: podvědomě se bála, že ty skvrny prozrazují pohlavní styk a styděla se za to, přesto však toto odhalení symptomy neodstranilo. Při čtrnáctém sezení jsme o tom začali opět mluvit, když jsme si ujasňovali, které příznaky zmizely a které ještě máme v práci. Po uvedení do hypnotického spánku jsem sugeroval: Vracíme se časem, tak daleko, až narazíte na událost, při níž se skvrny poprvé objevily. Při tomto sezení vznikl následující protokol:

H: Kdo vás spálil?

P: To je slunce, a protože mám takovou žízeň, a proto… všichni mě vidí.

H: Vyprávějte dál.

P: Ráda bych odešla – ale nemůžu.

H: Proč ne?

P: Ano, protože – nejde to – teď vím – všichni něco vědí – všichni.

H: Co vědí?

P: Oni vědí – všichni uhořeli – hm – všichni ti, s nimiž jsme byli pohromadě.

H: S kým jste byli pohromadě?

P: Ano, s těmi ostatními – s – my jsme…

H: Vyprávějte mi celý příběh, pomalu a klidně, všechny podrobnosti.

P: Já mám ale strach – nejde to!

H: Z čeho máte strach?

P: To je – konečně – rodiče, ti už tu nejsou – vím, proč teď – protože tenkrát odešel – proto, že jsme museli být nejprve pokřtěni, proto jsme ještě nemohli být spolu, pak se stalo to s mým bratrem, a on pak odešel.

H: Co se stalo?

P: Ano, to.

H: No, řekněte mi to.

P: Nechci o tom mluvit –

H: Tak co se stalo?

P: To, jak jsem bratra – protože – to se stalo tenkrát – ale ne, protože jsem to udělala, ale protože on odešel, mám ty fleky – aby každý viděl, že za to můžu.

H: Za co?

P: Ano, že mám na tom vinu, a nebyla jsem pokřtěna – protože, nic už nešlo – to jsou ti – nevím, proč mě to napadá – s těmi fleky, když někdo hřeší, protože je potom poznamenaný, a proto nás také popálili.

H: Koho nás?

P: Nesmím to říct.

H: Proč to nesmíte říct?

P: Protože – když svou vinu – protože pak mám pořád strach kvůli – protože jsem otrávila svého bratra, a tak mám pořád strach, a nesměli jsme se vzít... Nesmím to vlastně říct.
H: Smíte.
P: Jmenuje se tedy – neřeknu to – ne, pak by zavřeli i jeho.
H: Nemusíte mít žádný strach, když mi to řeknete...
P: Takže, ten také bude nejdříve pokřtěn, a to je to – to... vím jméno – když je řeknu...
H: Co se stane?
P: Nemůže se mi už nic stát – protože je tak daleko –
H: Jak se jmenuje?
P: Afrahmus.
H: Afrahmus?
P: Ano.
H: Je to tvůj přítel?
P: Ano – ale – proč je pryč – vždyť to vím.
H: Proč?
P: Ano, protože... protože věděl, mohl mě tím nejvíc potrestat –
H: Proč tě chtěl potrestat?
P: Protože jsem – protože jsem zabila svého bratra a on už mě nechtěl, a já se tak styděla – ale myslela jsem si, že kvůli těm skvrnám – ale on – že mám poskvrněnou duši, nejsem už čistá, a proto odešel – duše, ano, to jsem přece já – a proto je mi při tom pomyšlení horko – když si pomyslím, že odejde a už nikdy nepřijde – nevím už, co je – je to tak dávno, to je – tady je on – já – tu jsou hory, ne, nejdřív cesta, potom hory, pak je tu voda, proto nemám ráda ani vodu, protože vím, tu je on, který už taky nikdy nepřijde, protože je za vodou – nevím proč, ale je za vodou a pak ještě dál.
H: ...
P: Protože to vím – vím, že se nevrátí – to je cesta tam – jak je vidět – tam, kde jsou ty pahorky – tam je popraviště.
H: Co je tam?
P: Je to popraviště, kde jsou kůly, když je někdo ukřižován, a když se tam jde – je to velmi daleko – přijde se k jedné skále, a dál je pak voda, moře – proto je taky nemám ráda,

a bylo to vlastně moře, kde jsem pak pořád stála na okraji skály, ale já nestála na okraji, nikdy jsem tam nebyla – jenom jsem to viděla – nikdy jsem nepřišla až k propasti, protože jsem měla strach, a proto jsem neměla ráda ani vodu – vodu, protože mi to pořád připomínala.

H: Co?

P: To, že odešel za tu vodu a nikdy se už nevrátí.

H: Byl to tvůj přítel?

P: Ano, byl to můj přítel.

H: Byl už mezi vámi nějaký důvěrný vztah...

P: Ne, ne, ještě ne – bydlel sice u strýce, ale nebyl – nebyli jsme ještě pokřtěni – nemohli jsme se vzít, a byl den vzkříšení, když se to stalo.

H: Co se stalo?

P: Když jsem vešla do té velké budovy a přinesla bratrovi chleba – je to, jako by mi někdo vyrval srdce – je to strašné...

H: Neměla jsi s Afrahmem pohlavní styk?

P: Ne, to nejde, opravdu ne.

H: Proč ne?

P: Ne – protože, chtěli jsme se dát nejprve pokřtít – a já měla strach, možná –

H: Před čím?

P: No, a to je to – strach ani ne, bylo to prostě tak, že prostě – předtím se to prostě nedělá, bylo to proto – dali jsme si slib, a proto jsme to neudělali, kromě toho to bylo mnohem krásnější – protože jsme chtěli čekat – protože, přece jsme věděli, že budeme svoji, ale pak jsem to udělala a...

H: Teď si myslíš, že máš skvrny, že jsi poznamenaná?

P: Ano – (těžký povzdech).

H: Je to na tobě vidět?

P: Ano – je to vlastně vidět.

H: Na čem?

P: Jednou se mi silně rozbušilo srdce a pak – je to vidět – ano...

H: Na čem je to vidět?

P: Nevím, hm – na obličeji – je to vidět, já vím, je to vidět proto, že bych nejradši sama sebe zničila.

H: Čím?
P: Ano, ráda bych se sama zničila.
H: Proč?
P: Protože bych se ráda mučila a myslím, že za to budu pykat.
H: Co to chceš dělat?
P: Tak – sama to nechci – ale je to už vidět.
H: Na čem?
P: Tak, protože se na mě všichni lidé dívají – a můžou to vidět.
H: Na čem to mohou vidět?
P: Nevím – já – ale je to možné – ne, my jsme to předtím nedělali.
H: Co?
P: Nevím – ale nebudu mít žádné dítě.
H: Přece jen jste měli pohlavní styk?
P: Ne – nevím...
H: Vyprávěj dál.
P: Já, nevím, já – jsou tu vedle mě dvě malé děti, ale ty mi nepatří –
H: Komu tedy patří?
P: Nevím – prostě se mnou přišly do té budovy, nevím proč – snad proto, že mám takové břicho, takové, ale to –
H: Jsi těhotná?
P: Nevím – opravdu to nevím.
H: Víš přece, jestli jsi těhotná.
P: Ne.
H: Mohla bys být?
P: Ne – nevím, jestli bych mohla být, nebo ne – ale nejsem – představuji si to, protože jsem o tom přemýšlela – ne – je to možné.
H: Co je možné?
P: Že snad něco bylo.
H: Soustředíme se na ten okamžik...
P: Ano, tak to bylo.
H: Vyprávěj.
P: Bylo to v zahradě, ano – bylo to v zahradě – ale nesmí se to.
H: Vyprávěj přesně, co se stalo.
P: Tak ano, jdeme vedle sebe, nic neříkáme – tak je to opravdu příjemné, ale přesto mám strach.

H: Z čeho?
P: No, že on by to mohl už před svatbou – hm, je opravdu milý, a protože já bych to taky nějak chtěla – teď vím, jak to bylo – protože nás viděl ten – ten nás viděl, nevím, kdo to je – ale znám ho, všichni ho známe, a ten nás viděl.
H: Co viděl?
P: Že jsme se zkrátka milovali, to viděl.
H: Kde jste se to milovali?
P: V zahradě – není to vlastně ani zahrada, je to – je to zeď a trávník, a jsou tu malé keře a něco jako dřevěná besídka, teď mám strach.
H: Z čeho?
P: Protože jsme se zaslíbili, ale nesmíme být slabí, protože pak je člověk poznamenaný – když to udělá, ostatní to vidí.
H: Odkud to víš?
P: Protože ostatní říkají, že je to vidět.
H: Už jsi to někdy na někom jiném viděla?
P: Ty musí nosit závoj, nevím, je to o přátelích – musí se skrývat, nemohou vyjít ven, protože je někdo uvidí.
H: Dobře, jak to bylo dál v tom parku? Je tu zeď, trávník, malý altánek..
P: Ano, pak nás viděl – protože byl na terase, a pak se schoval za sloup, a já se styděla, bláznivě, opravdu, ale teprve, když jsem ho viděla sama, tehdy jsem se styděla. Nevím, jak se jmenuje.
H: Ale znáš ho?
P: Nevím, nevím, jak se jmenuje.
H: To nevadí!
P: Stydím se jen před tím, co mě viděl, a pak se na mě podíval – tak sprostě, a já zčervenala – a pak jsem opravdu cítila...
H: Dobře, tuhle scénu prožijeme nyní ještě jednou.
P: Ten si samozřejmě myslí, že by mě mohl mít každý, protože dobře věděl, že jsme ještě nebyli oddáni, a proto jsem také nemohla mít dítě, protože to každý vidí, a potom, když všichni tak zírali na moje břicho, potom si mysleli, že by mě taky mohli mít – protože jsem už něco takového udělala – a pak mám ty rudé skvrny a ty momentálně nemizí, a čím víc si je uvědomuji, tím je to horší, a pak netoužím chodit ven –

snad také – ach, i toho si všimnou – ano – protože jsem se prostě tak spustila, to je, protože jsme ještě nebyli svoji, myslím si – a možná taky proto odešel, a protože jsem na tom měla vinu, naskakují mi právě ty fleky na tváři – a protože jsem to sama chtěla – možná – a pak jsem se tolik styděla – když jsem stála proti němu, stáli jsme sami proti sobě, a já se tak styděla – tvář mi polilo horko, a to je stejné, jako když někomu vypalují díry do kůže.

H: Odkud víš, jaké to je, když někomu vypalují díry do kůže?

P: Jde to – nebo když se někdo cítí vinen – ano – když má někdo něco říct a nechce to říct, potom mu vypálí díry do kůže.

H: Prožilas to někdy? Zaměř se na tuhle událost!

P: Hm, to je to slunce – nic neříkám – vím, co to bylo – ne – měla jsem něco říct – a nejde to – vypálí mi znamení.

H: Komu jsi měla něco říct?

P: Jsou to malé hubky na křesání ohně – ty se vypalují na kůži – hubky – jsou z vody – a ty se vypalují do kůže – s něčím mazlavým, je to hnědé – červené a kapku žluté, když se to zahřeje – do toho se hubky ponoří a pak se otisknou na kůži.

H: Proč se to dělá?

P: Aby byl člověk označen.

H: Proč to dělají tobě?

P: Protože si myslí – protože já, já, protože mě viděli – mysleli si, že je chci zradit, chci – chci, ano, chci zradit Krista – hm, říkali, že jsem ho zradila – protože jsem se tak snadno zahodila – hm – a to jsou přátelé v domě, ale je to jeden zlý člověk – je to – nevím – byl to také on, který mi později říkal, že mám zavraždit svého bratra – křest –

H: Vraťme se zpátky k tomu hořícímu obličeji a k těm hubkám – a vylič všechno, co prožíváš, co se děje, kde jsi – kdo je tu – co se říká?

P: Je to nějaká místnost – je to místnost – dlouhý stůl nebo nějaké prkno – dlouhé prkno a – hm, tady nabodávají hubky a pak je strkají do té tekutiny – hm – mám z toho strach – namočí je do té tekutiny a pak nám je přitisknou na kůži.

H: Komu nám? Komu?
P: Ano, protože tu jsou ještě tři ženy, a ty také obžalovali – ale ne jako mě, a ty chtěli těmito hubkami –
H: Chce se, abys něco přiznala, nebo něco řekla?
P: Ano – abych to řekla.
H: A co? Co máš říct?
P: Hm – že jsem znesvětila kostel – je to v strýcově domě –
H: Co je v strýcově domě? Kde se to odehrálo?
P: Ano.
H: Kdo všechno je při tom?
P: Je to – nevím, je to jenom – pět mužů, myslím – ne – ano – a jeden je zvlášť hrozný.
H: Proč? Co dělá?
P: Přitlačuje mi hubky na kůži – je to ten – ano, má hrb a je mrňavý.
H: Co má?
P: Hrb, a já mám strach – opravdu.
H: Jak velké jsou ty hubky?
P: Tak velké jako – tak velké jako ty – hm, jako tyhle ne kulaté – hm, dá se říct, tak velké jako... (těžce dýchá).
H: Jako bříško palce?
P: Jako čtyři taková bříška, čtyři malé nehty.
H: Jako čtyři nehty? Dobře, zaměřme se ještě jednou na ten okamžik, kdy ti je přiložili na obličej.
P: Ale to pak nesmí bolet – mám z toho strach, a nic nepřiznávám...
H: Co se děje – vyprávěj každou podrobnost.
P: Je to taková obruč a leží tu hodně – takových...
H: Čeho?
P: Takových – jak se do nich strkají hubky – leží tu už připraveny – a protože do nich strkají hubky – protože, když by se nechtěl spálit sám, musí to udělat potom, a on to pak otočí ve své nádobě, a to závisí na takovém – uvnitř je oheň, a je to ve stěně, a tam to namočí do vřelého, a je to tak horké, že to všechno speče, a pak nám to přitlačí na obličej.
H: Kam – kam to nyní přitlačí?
P: Ano, ten mi to přitiskne – ten mi to přitiskne na obličej,

a pálí to jako oheň, a zrovna tam, kde je to vidět, pak – a pak všude a ze strany, a z toho tak hořím – (vzdychá).

H: Dobře, kolik jich teď otiskl?

P: Nevím.

H: Víš, jen počítej.

P: Otiskl je tam, a pak tady...

H: Vyprávěj dál.

P: A pak mě popálil krk a zvlášť silně tváře.

H: A co ještě?

P: A krk.

H: Čelo ne?

P: Ano – ach, je to tak horké – mně všechno – to chtěl – pálí mi oči – protože mi tam – to, to bolí...

H: Vyprávěj dál.

P: Znetvořil mi celý obličej – hrozně pálí – nemůžu si na něj ani sáhnout, pálí to ještě víc.

H: Jak to pokračuje?

P: Už nic necítím, ale on začíná znova, a je tu nějaký starý muž.

H: Co je tu?

P: A proto – aby mohl přestat – a tenhle zloduch, ten mi ještě jednou vypaluje obličej, pořádně mě pálí, a že je to vidět – je mi hrozné horko...

H: Co se děje dál?

P: Nevím – ten – navléká něco na moje nohy – protože, ještě to navléká.

H: Co dělá?

P: Navléká něco na moje nohy – já – to bolí – pevně to utahuje...

H: Jak to dělá – jak to navléká?

P: Takovým – je to kolo – úplně mi zničil nohu – je to kolo, tak to bolí.

H: Proč to všechno s tebou dělá?

P: Abych toho litovala.

H: Čeho máš litovat?

P: Že jsem to udělala.

H: A co?

P: Protože jsem – protože jsem byla s Afrahmem v zahradě –, protože, protože jsme se tam milovali – před svatbou a před křtem a – a...

H: Co je nyní?

P: Spaluje mi obličej – hm – spaluje mi obličej – hm (pláče a vzlyká).

H: Co je dál?

P: Protože ten – ten mi natahuje nohy – pořád mi natahuje nohy – chtěl by mi je vytrhnout – úplně mi je urve – už je mám úplně – mrtvé, nevím.

H: Jak to pokračuje?

P: Nevím – myslím, že se mi udělalo zle...

H: Co dál? Povídej, co se děje!

P: Je tu nějaká místnost – do té mě pokládají – na deku na podlaze – ano – a pak je tam nějaká žena, má šátky, a klade mi je na hlavu – a teď dává něco do těch šátků, něco průhledného a zeleného – a pak – mám hrozné bolesti – protože on – moje noha – ale nemusím mít strach, že mě bude ještě jednou mučit.

H: Proč?

P: Protože už jsem ocejchovaná – hm, a všichni to můžou vidět – nemůžu to přehlížet – to je příliš – nemůžu to přehlížet.

H: Co nemůžeš přehlížet?

P: Protože je to tolik.

H: Co je příliš? Co je tolik?

P: Protože jsem úplně pomatená – tak, nevěděla jsem, že to něco, hm protože, bylo to přece krásné a nic špatného, věděla jsem, nesmím to dělat – ale, hm – že za to budu takhle potrestaná, to jsem nevěděla – ale já vím, že už to nikdy neudělám – nikdy – nikdy bych to taky nechtěla vidět – protože ten – ten se na mě tak podíval – nikdo mi nepomohl, něco říct – hm.

H: Dobře, opustíme tuhle událost, můžeš mi ještě říct, jaký letopočet patří k této události?

P: Já – vím to – je to trojka – vidím jen, já...

H: Co vidíš?

P: Je to trojka – mám strach z čísla.

H: Jak vypadá?
P: Protože – vidím je – je to číslo – je to v budově ve zdi, ale protože neumím číst – špatně…
H: Popiš mi, jak to číslo vypadá.
P: Hm, mohla bych to říct tak – nevím, jestli je to správně, nebo u nás – jestli se to říká dneska, nemůžu to přečíst – ale vím, že se to tak jmenuje – je to – můžu to říct – nevím.
H: Co tím myslíš?
P: Nemůžu to přečíst, ale vím, že se to tak jmenuje – myslím tím, když vím, jak je to dneska, můžu to přečíst – ale nesmím to říct.
H: Popiš to.
P: Je to s M – je to vždycky s M.
H: S tím M, a pak?
P: Ano – a pak je jedno… (stále píše rukou znamení do vzduchu). Tak je to.
H: Jedno V.
P: Ano. MXM.
H: MXM.
P: Ano, MXM, nevím, je to tak – ne, tak to není, a pak je jednička, dvojka, trojka, čtyřka a jedno V, nevím, je to…
H: Dobře – opustíme tohle číslo, opustíme tuhle dobu, opustíme tyhle události – postoupíme časem opět dopředu, vaše tvář je čistá, úplně čistá a bez skvrn, vaše kůže je čistá, hladká, cítíte, jak se ty fleky ztrácejí, je to tak?
P: Ano, rozpouštějí se!
H: Protože už nad vámi nemají žádnou moc.
P: Ne, to nemají.
H: Už je nepotřebujete, už je nechcete. Necháme je prostě zmizet – docela jednoduše – tyhle skvrny se spletly v čase – opozdily se o dva tisíce let. Všechny ty obavy, všechny pocity viny jsou časovou mýlkou, už je nepotřebujeme, teď žijete v roce 1975 – pocity viny z té doby už neplatí – jak se cítíte?
P: Dobře.
H: Naše sezení tedy brzo ukončíme.

Tím jsme se dostali k rozhodujícímu bodu mé terapeutické metody. Tvrdím – a toto tvrzení může každý odborník snadno přezkoušet –, že skoro automaticky narazí na dřívější inkarnace, jestliže s dostatečnou důsledností pátrá po příčinách nějakého symptomu. Neboť moje zkušenosti ukazují, že převažující část všech příznaků má svůj původ v dřívějších inkarnacích, nepocházejí z nynějšího života. Vše to, co se obvykle vydává za příčinu nějakého symptomu, není skutečnou příčinou, ale pouze větším či menším článkem ve zmíněném již řetězu, který by nás měl dovést k příčině.

V doposud běžné terapii bývají tato vlákna odvíjena pouze k zážitkům z dětství, označí se za příčinu a tak se léčí symptom. Tento postup funguje v tolika případech proto, protože se jím odbourá jisté množství psychické energie (psychického náboje). To vede k pacientovu znatelnému ulehčení, které díky sugestivnímu tvrzení, že byla nalezena příčina, může vést k vyléčení. To vše ovšem neříká nic o tom, zda byla vždycky nalezena vlastní příčina, nebo ne.

Tvrdím, že tím skoro nikdy nepřijdeme do styku se skutečnými traumaty. Může za to axiomatický předsudek našeho západního světa, který tento život chápe jako jednorázovou existenci. Ze skutečnosti však lze vnímat jenom to, co považujeme teoreticky zásadně za možné. Dokud člověk považoval let na Měsíc zásadně za vyloučený, nemohl nikdy na této družici přistát. Podobné je to s reinkarnací. Dokud jsem skálopevně přesvědčen, že neexistuje, nemohu na ni narazit. Není proto divu, že je zatím každá analýza přerušena v blízkosti zrození, místo aby se v ní pokračovalo tak daleko, až to dál nepůjde.

Správně řečeno, není třeba pacientovi sugerovat nějaký „předživot", abychom k němu dospěli. Pacient nenaplňuje vyčkávací postoj terapeuta dychtícího po reinkarnaci líbeznými historkami, většinou se v pacientovi vynořují dřívější prožitky samy od sebe, je-li jen vysloven požadavek dostat se k pravé příčině jeho symptomu či pocitu. Vyžaduje to ovšem, aby pacient to, co vypráví, o čem referuje, necedil stále přes svůj racionální filtr, ale zcela pasivně se poddal tomu, co mu samo přichází na mysl. Vědomá kontrola a pokus všechno hned zařadit a analyzovat zabraňuje uvolnění nevědomých obsahů. V hluboké hypnóze je rozumová kontrola většinou úplně vypnuta, proto také náš proces významně ulehčuje. V žádném případě však není nezbytná. Špatně hypnotizovatelný pacient může cvičením v rámci symbolického dramatu právě tak dosáhnout toho, aby bez autocenzury referoval, jaké obrazy a prožitky samy z jeho paměti vystupují. O této technice promluvím podrobně později. Zde jde o to zjistit, že zážitky přesahující nynější život nemusejí být v žádném případě sugestivně navozeny, ale mají přirozený průběh, jen když se pacientovi taková možnost poskytne.

Přesto je s podivem, že mnozí dosud nepovažovali za nutné či možné embryonální stav prošetřit. Jak zajímavé a důležité prožitky se zde dají nalézt, může vedle již zmíněného traumatu z neúspěšného potratu dosvědčit příklad jiné pacientky.

Slečna A., stará dvaatřicet let, prožívá při šestnáctém terapeutickém sezení svůj embryonální stav. Probíráme sedmý měsíc v matčině těle. Matka se dozvídá od lékaře, že bude mít dvojčata. Mé pacientky se zmocňuje velké vzrušení:

„Matka nechce, abych tu byla – ale já jsem tu! – nechce vůbec žádné dítě, ale my jsme dvě – žádné dvě nechce." Slečna A. pláče.

„Moje matka je zklamaná, že jsme dvě – chtěla bych křičet!" Pláče. „Mami, já jsem přesto tady, přesto jsem tady!" Tluče pěstmi kolem sebe. „Jsem zlá, jsem hrozně zlá! Mami, nejradši bych tě zabila, nemáš mě ráda, ale já tě potřebuji – nenávidím tě!" Pláče. „Nechci nic jíst. Nic od tebe nechci!"

Ptám se jí: „Proč?"

Slečna A.: „Protože mě taky nechce. Moje sestra může mít všechno – ale já nemůžu!" Při těchto slovech se úplně shrbí a otočí na bok, obličej přitlačí na lehátko: „Chtěla bych pryč, nejde to – moje sestra mi zabrala všechno místo, hrome!" Po chvíli mlčení zase začíná: „Musím přijít na svět, musím žít, musím – chci – musím projít, nechci umřít. Chci, musím žít!"

Životopis slečny A. potvrzuje: přišla na svět po své sestře – dvojčeti, a zatímco její sestra byla zdravá a silná, ji hned dali na kliniku. Byla příliš malá a téměř neschopná života. Šest týdnů ležela v inkubátoru a nikdo nepočítal s tím, že přežije.

Vidíme, jak brzy psychické dění začíná a jaký má na člověka vliv. To, že se v školské psychologii nepřiznává embryu žádná psychická reakce ve vylíčené míře, způsobuje opět axiom, že vědomí a myšlení jsou produktem materiálních procesů. V této době jsou mnozí na tento model tak fixováni, že většinou ani nezkusí alespoň hypoteticky tento vztah obrátit a ptát se, zda není podstatně smysluplnější a plodnější předpokládat, že primární je psychický proces, a materiální děj je jenom produktem vědomí. Kdyby hmota produkovala vědomí, nemělo by být příliš obtížné sestrojovat živé bytosti uměle. V tomto bodě však ztroskotávají i ty nejtvrdší experimenty. A budou dále ztroskotávat, dokud nezjistíme, že jsou třeba nejprve informace a vědomí, aby bylo možné vytvořit živoucí hmotu.

Stejným omylem trpí i terapie pomocí psychofarmak. I ta se pokouší zasahovat do materiálního dění a provádět v něm změny. Avšak příčina veškerého jednání, i toho chybného, leží v psychice, která není materiální. Odtud přicházejí informace, které tělo jenom přebírá. Při tomto úzkém vztahu mezi psychikou a tělem způsobuje každý zákrok nějakou změnu. Proto působení psychofarmak není žádným argumentem pro správnost tohoto počínání. Chceme-li dosáhnout vyléčení, měli bychom vždycky provádět všechny změny v primárním systému, tedy v psychice.

Pro chápání mého terapeutického postupu je důležité přiznat vědomí samostatnou bytostnou formu, kterou nevytváří nejprve tělo. Když s mými pacietny projdeme embryonální fází až k početí, postupujeme dále do minulosti. A ve fázi, která početí předchází, nemáme přece žádné tělo. Přesto každý vnímá svou existenci, své „já“, aniž by mohl udat čas, prostor a místo. Vracejí-li se moji pacienti ještě dál, narazí opět na tělesnou existenci a znovu vnímají své „já“ jako dříve i nyní. Není tu žádný zlom. Zvyk mnohých lidí ztotožňovat jejich „já“ s jejich tělem při sezení náhle zmizí. Tělo je pociťováno jen tak, jako by mohlo být přiloženo i odloženo: právě tak, jako se cítíme být týmž člověkem, ať už máme něco na sobě, či ne, nezávisle na tom, jaké šaty jsme si oblékli.

Tato nepřerušená kontinuita lidské psychiky v průběhu jednotlivých inkarnací rovněž vysvětluje, proč symptomy v nynějším životě mohou mít svou příčinu v době před několika staletími. Tak jako nějaký zážitek může působit i ráno, ačkoli mezitím leží celá noc, působí v nás dále zážitky několika posledních tisíciletí. Součet všech inkarnací tvoří naše osobní dějiny. Takto osvojená historie nás dělá tím, čím jsme, určuje naše chování a cítění. Ovšem historie počínající pouze naším posledním narozením nemůže sama o sobě vysvětlit naše současné bytí.

Zajímavou skutečností, nikoli však překvapující po tom, co bylo řečeno, je to, že i psychický materiál dřívějších inkarnací podléhá týmž psychologickým zákonům, které známe z psychoanalýzy. To nás přivádí k jednomu praktickému problému. Uvedeme-li totiž pokusnou osobu či pacienta do jeho „předživota", dostaneme v nejvzácnějších případech hned napoprvé vylíčení jeho předchozího života, které ve všech bodech skutečně odpovídá jeho historickému „předživotu". Vyprávění bude zkresleno díky týmž psychickým mechanismům jako každá jiná zpráva, kterou by nám daná osoba mohla podat o svém nynějším dětství. Neboť všechny skutkové podstaty, které mají příliš vysoký emocionální náboj, nemohou být napoprvé konfrontovány. Aby tento potlačený materiál mohl být zaretušován, musí být i data změněna a zkreslena. Narazí-li se v dalších sezeních na nějaké trauma a to vstoupí do vědomí, způsobí to většinou nové uspořádání dosud zveřejněných faktů. Osvětlí to následující příklad.

Pokusná osoba po několik sezení vypovídala, že prý byla učitelkou a v určitém roce musela opustit místo svého působení, protože škola byla zavřena. Důvod uzavření školy nemohla jasně zodpovědět. Teprve při jednom pozdějším sezení jsem se dopídil, že v tom roce měla mít dítě se svým přítelem, ale nechala si je vzít. Zážitek z tohoto potratu měl silný energetický náboj, a proto byl od počátku potlačen. Když si tuto událost opět uvědomila, přiznala, že těhotenství bylo příčinou, proč opustila školu, a uzavření školy se odhalilo jako vymyšlená záminka.

O několik sezení později jsem narazil na další těžké trauma. Pokusná osoba se ve čtyřech letech předchozího života zřítila ze schodů a zlomila si nohu. Vinou jakýchsi komplikací či chyby při ošetření zůstala noha znetvořena a žena nemohla po celý život bez potíží běhat. Potřeboval jsem téměř celou hodinu, aby tuto zmrzačenou nohu vzala na vědomí a já mohl postupně oslabovat náboj této skutečnosti tak dlouho, až ji byla schopna plně akceptovat.

Současně se tím změnilo pár dalších faktorů. Nikdy totiž učitelkou nebyla, chtěla jí však celý život být. Zdravotní potíže a dočasné používání pojízdného křesla zabránily tomu, aby se mohl uskutečnit její sen. Místo toho přechodně vypomáhala v jedné škole a přivydělávala si pak doučováním. Všechny tyto detaily musely být tak dlouho přeformovány, dokud rozhodující trauma, zranění nohy, nebylo uvědoměno.

Doufám, že tento příklad jasně dokládá, jak častěji a ve větší míře se v „předživotě" stáváme oběťmi útlaku, obrany a skrytých vzpomínek, než při analýze nynějšího života. Pokusné osoby nevykládají pokaždé něco jiného či nového. Objevují se tytéž výpovědi i tehdy, jsou-li první výpovědi v posthypnotickém stavu zapomenuty, a tím je i vyloučena reprodukce vzpomínek. Ke změně faktorů dochází teprve tehdy, je-li uvědoměno dosud neznámé trauma. Všechna ta opatření, která byla nutná k zastření tohoto traumatu, náhle odpadnou a objeví se detaily v novém pořadí.

Tento proces je z terapeutického hlediska velmi zajímavý a výrazně podporuje i tezi o reinkarnaci. Skutečnost, že vzpomínkový materiál dřívějších inkarnací podléhá týmž zákonitostem jako vzpomínka na nynější život, vypovídá zřetelně o tom, že se skutečně jedná o dřívější vzpomínky. Je krajně nepravděpodobné, že přečtené, slyšené a vymyšlené by podléhalo zákonům potlačování.

Vedle zamlčování silných traumat existuje ještě jedna možnost, jak se může pacient postupně přiblížit k nepříjemným situacím, aniž by byl s nimi ihned naplno konfrontován. Pacient přitom prožívá situace, které představují téma traumatu v nadnesené či silně změněné formě, aniž by byl tyto situace někdy prožil. Jsou to tedy fantazie, které se vztahují k dosud neuvědoměnému traumatu. Je tu jistá podobnost se snem, v němž se často děje něco podobného.

S ohledem na historickou ověřitelnost předživota představují tyto fantazie a metamorfózy velký pramen chyb a značný rušivý faktor nejen v terapeutickém procesu. Prožíváním těchto fantazií odbourává pacient náboj svých potlačených komplexů, čímž se stále více přibližujeme skutečné situaci, až se náhle zcela objasní. Naštěstí se tyto fantazijní prožitky liší od skutečných vzpomínek natolik, že je možno je poměrně jistě rozlišit.

Pro terapeutický postup to není zvlášť důležité, protože tu jde v první řadě o energetické odbourávání a časem sami od sebe narazíme na skutečné události. Poznávacím znakem fantazií je především jistá neskutečnost v představě, která jako ve snu nebere příliš ohledy na logiku a fakta. Nejlepší indicií je pak to, že fantazijní prožitek se nedá rozšiřovat na obě strany časové osy. Mám tím na mysli, že při líčení zážitků z nějaké inkarnace mohu bez problémů přeskakovat v čase tam i zpět, zhruba touto sugescí: „Kde jste byl rok před touto událostí?", nebo: „Jak pokračuje váš život?" Tato kontinuální návaznost zpráv při fantazijních zážitcích nefunguje. Je tu pouze líčen zážitek, který trčí izolovaně v prostoru a nemá žádný vztah k tomu, co bylo předtím, nebo potom. Posledním a nejjistějším prostředkem rozlišení je to, zda se v různých sezeních události opakují. Fantazijní zážitky pokaždé mění svůj tvar, protože jejich energetická hladina je pokaždé jiná.

Výpovědi o inkarnacích se nikdy nemění, jestliže souhlasí se skutečností. Četné osoby mají i v bdělém stavu po sezení pocit, že některá jejich vyprávění jsou pravdivá a některá ne tak docela. Způsobuje to již zmíněná schopnost rozlišování mezi snem a skutečností. Sen nebo fantazie vzbuzují pocit identity jen po dobu snu. V bdělém stavu je jejich snový charakter ihned rozpoznán. Způsob jejich podání je právě tak rozdílný. Fantazie bývají sice prezentovány velmi dramaticky, postrádají však jasnou a detailní výpověď. Otázky po detailech bývají zodpovídány vyhýbavě či mlhavě. Zcela jiné je to při skutečných vzpomínkách. Zde může být každá podrobnost zodpovězena velmi přesně.

Je otázkou metodického postupu, zda obdržíme spíše vzpomínky, či fantazie. V zásadě existují dvě cesty, jak se vrátit do minulosti:

1. Sugerujeme pokusné osobě, aby se vracela stále dál do minulosti. Citát: „Vracíme se v čase, minulost se stává přítomností. Jste stále mladší, je vám dvacet, deset, pět let. Zaostříme se na vaše narození. Právě se rodíte. Ocitáme se pět měsíců před vaším narozením. Jdeme ještě dál nazpět, za vaše početí. Jdete stále dál, tak daleko nazpět, až se vynoří nějaká nová situace. Tady zastavíte a podáte mi o ní zprávu!"
2. Chopíme se určité emoce nebo pocitu z tohoto života a sledujeme toto cítění stále dál do minulosti. Vezměme jako příklad strach z lidí. Začneme tím, že necháme pacienta znovu prožít a vylíčit nějaký zážitek, při němž pocítil strach z lidí. Pak se vracíme ještě dál a znovu si necháme o takovém zážitku vyprávět. Dostáváme se tak do stále ranějších let, nezastavujeme se u porodu, ale jdeme stále proti času. Samy od sebe se tak vynoří zážitky, které už leží v docela jiné časové epoše.

Při první metodě téměř vždycky narazíme okamžitě na starý život, který nemusí ve všech vylíčených podrobnostech odpovídat historické realitě, ale jako celek zabírá nějakou inkarnaci. Opačný průběh mívá druhá metoda. Protože postupujeme podél pocitu, přibližujeme se zpravidla automaticky nějakému traumatu a dobereme se proto s mnohem větší pravděpodobností nejprve řady fantazií, které přispívají k uvolnění energetické cesty ke skutečným událostem. Jde-li o prozkoumání inkarnací, vede rychleji a exaktněji k cíli první metoda. Z terapeutického hlediska je indikativnější druhá metoda, protože bez velkých okolků vede přímo k traumatu, které hledáme. Pro terapii jsou většinou zajímavé jen traumatické události, aniž by se musela rozkrývat celá životní dráha od kolébky až ke hrobu.

Chci-li popsané možnosti seřadit pojmově, mluvím o třech rozdílných rovinách, z nichž mohou pocházet informace z terapeutického sezení.

První rovinou je symbolické drama v terminologickém pojetí prof. Leunera (zvané také jako katathymní obrazové prožívání).

Druhou rovinu označuji jako psychodrama. Zde se dosud neznámým způsobem projikují problémy a konflikty do nové časové roviny a vypovídá se o nich jako o prožitcích.

Třetí rovinou je rovina reality. Zde se jedná o skutečné vzpomínky z dřívějších inkarnací.

Již v rovině psychodramatu se objevuje leccos zcela nového, co v dosavadní psychoterapii nebylo zatím známo.

Tím, že sugestivně posunu časovou rovinu, má pacient možnost neuvědoměné problémy a konfliktní materiál projikovat do dosud neznámé blízkosti reality. V experimetnální poloze se tu odehrává něco podobného, co dosud mohli dělat básníci a spisovatelé, když autobiografický materiál transponovali do minulého času. Při psychodramatu se může pacient s neuvěřitelnou exaktností co nejvěrněji představit a sám sebe prožít, aniž by k tomu potřeboval nějaký symbol.

Mnozí budou náchylní vysvětlovat jako psychodrama i to, co označuji jako reinkarnační vzpomínání. Kdyby tomu tak bylo, pak by byl terapeutický průběh regrese do minulosti bezpochyby novým, navýsost účinným nástrojem psychoterapie. Neboť účinnost reinkarnační terapie by zůstala nezávislá na tom, zda jde o historický život, nebo nějakou projekci. Proto soudím, že vykládat líčení reinkarnace jako psychodrama, je neudržitelné. Psychodrama může vzniknout pouze projekcí problémů, ať už jsou vědomé, či nevědomé. Tím se nedají následující jevy v žádném případě vysvětlit:

Pokusné osoby vyprávějí o historických podrobnostech s udivující exaktností a správností. Pokusná osoba, v nynějším životě rozhlasová publicistka, v minulém životě obchodnice s látkami v roce 1755, udávala přesné množství látky na oblek v loktech, počítala v tolarech, vykládala o hladomoru v roce 1732, který byl později ověřen v jedné kronice.

Muž, který hovořil o svém „předživotě" téměř jen v číslech, vzdálenostech a údajích velikosti, byl tehdy stavitelem. Informoval nás o nejmenších detailech staveb, které se stavěly pod jeho dohledem, a teprve později začal mluvit i o svých soukromých záležitostech. Zcela v popředí jeho zájmu bylo povolání. V tomto případě jsem si nebyl jist, do jaké míry lze tato líčení vysvětlit jako projekci nynějších problémů. Projdeme-li s pokusnou osobou více životů, jsou jednotlivé inkarnace obsahově tak rozdílné, že v žádném případě nemohou být produktem nějaké projekce z nynějšího života.

Dvacetiletá studentka líčila například všechny podrobnosti o potratu v minulém životě. Přitom tato dívka prokazatelně neměla v tomto životě nic společného ani s potratem, ani s těhotenstvím. Tatáž osoba prožila při svém sezení i roky přechodu. Označila to potom jako zcela jedinečnou zkušenost, musí-li dvacetiletá dívka procítit situaci přechodu. Prý jí to pak pomohlo porozumět její matce mnohem lépe než dříve.

Líčení „předživota" nejsou totiž konglomerátem problémů, konfliktů a běžných představ, nýbrž obsahují tolik neosobních, časově specifických výpovědí a schopností, že model psychodramatu k vysvětlení prostě nestačí. Pokusné osoby nám přesně líčí, v jakém čase jaký úsek urazily drožkou, jak se v osmnáctém století pekl chleba a jak se v roce 1687 ošetřovala krvácející rána bylinkami. Provedl jsem četné experimenty s mladými, neprovdanými děvčaty, která vyprávěla o svých manželských problémech z předchozího života. Dále bych mohl jmenovat zmíněné jevy jako jizvy, chrámové tance, cizí jazyky, změny písma apod.

To vše je důvodem, proč vedle roviny psychodramatu kladu ještě rovinu reality. Zde nacházíme vzpomínku na dřívější život, která nevznikla ve fantazii. V nejhorším případě mohou být některé body toho života falešné, aby se zakašírovaly potlačené události. Totéž se vyskytuje i u vzpomínek z tohoto života. Aby se nám „předživot" objevoval ve stále čistší formě, bez zkreslení a příměsí, musíme při sezení vždy znovu probírat týž život. Přetrvávající chyby se odhalí samy od sebe.

Tento proces může být z časového hlediska velice náročný a vyplatí se jen tehdy, jsou-li k dispozici historické rešerše. A ty se opatřují podstatně hůře, než by se dalo očekávat. Hlavním důvodem je to, že k přezkoušení se používají jedině jména a data. A právě to jsou věci, k nimž mají pokusné osoby nejmenší vztah. Letopočty, místní jména, názvy ulic neobsahují téměř u žádného člověka emocionální náboj, proto se ve vzpomínkách jen těžko vybavují.

Uvědomíme-li si, jaké poměry panovaly v dřívějších časech, bude to ještě pochopitelnější. I v dnešní době je nad síly většiny lidí udat přesné datum událostí, které se staly před několika lety, tím spíše nemůžeme očekávat od někoho ze sedmnáctého století, kdo nikdy neopustil svou ves, že bude schopen udat přesné místo a čas. Abychom si na něco vzpomněli, potřebujeme alespoň malý emocionální náboj. Jak si můžeme vzpomenout, co jsme přesně před měsícem měli k obědu? Naproti tomu je docela dobře možné vzpomenout si, co jsme jedli před dvaceti lety na své svatbě. Tato událost měla velmi osobní charakter a emocionální náboj. Zmíněná publicistka a dřívější obchodnice s látkami tak mohla docela dobře poskytovat údaje ze své profese, zcela přesně jmenovat míry a váhy, ale nebyla už schopna přesně určit jméno svého domovského místa.

Vykrystalizovala však ještě třetí možnost zdroje chyb. Existuje možnost, že se zpočátku některé „předživoty" překrývají. Stává se to zvláště tehdy, jestliže dva nebo více „předživotů" mají společné styčné body jako např. stejné místo, podobné události atd. Totéž se stane každému, kdo bude chtít rekonstruovat určité Vánoce či narozeniny. Nejprve se překrývají události různých narozenin a člověk je musí nějaký čas třídit, než si je jist, co kam patří. Totéž jsme mnohdy zažili při našich sezeních. Toto třídění se ulehčí tím, že člověk vědomě prožije více životů. Správné zařazení událostí už pak nečiní takové potíže.

To vše jsou možné zdroje chyb, o nichž víme a na něž bereme zřetel. Někdy jich vystoupí více najednou, jindy dostaneme hned napoprvé takové vylíčení života, že už se nikdy nezmění. Z terapeutického hlediska se ovšem jedná o podružnou roli. Stačí, že o těch zdrojích chyb víme, abychom porozuměli konkrétnímu vývoji.

Dříve, než ještě jednou systematicky předvedu technickou stránku reinkarnační terapie, budiž zde uveden ještě jeden typický protokol, který líčí trauma jedné bázlivé pacientky (dvaadvacet let, vdaná). I tento protokol dochází k cíli tím, že jdu stále dál za pocitem strachu (druhá regresní metoda). Ze stylu výpovědí je dobře patrný vysoký citový náboj i střet mezi přáním nezveřejňovat potlačené události a mým tlakem dospět k jejich konfrontaci.

H: Jak to pokračuje?
P: Co mám dělat? Tolika lidem se člověk neubrání.
H: Co se děje?
P: Stříhají mi vlasy – smějí se tomu, to se povedlo, zdá se, že se jim to líbí – jsem potrestaná.
H: Co se ještě děje?
P: Nevím – nevím – dělá se něco takového?
H: Co se má dělat?
P: Přehazují silný provaz – jen se vysmívají, jenom se smějí, smějí se – nelíbí se mi, jak se mi ti lidé posmívají.
H: Kdo přehazuje provaz?
P: Jeden z těch lidí.
H: Kdo je to?
P: Nevím – neznám –
H: Neznáte ho?
P: Jen od vidění.
H: Kolik je vám let?
P: Čtyřicet, padesát...
H: Přesně!
P: Lidem je různě let.
H: Kolik je vám?
P: Dvacet.
H: Přesně dvacet?
P: Ano.
H: Co je dál – dali vám provaz kolem krku, cítíte to?
P: Dohromady ne – necítím jak – všechno tlačí – možná jen symbolicky...
H: Co je dál?
P: Někdo stojí za mnou, dělá, jako by mě chtěl oběsit – dlouho.
H: Jen tak to dělá?
P: Jen tak to dělá, je to hrozné!
H: Jak to dělá?

P: Zvedá konec provazu a dělá, jako že mě škrtí.
H: Jako že...
P: Jako že mě uškrtí.
H: Co je dál? Prohlédněte si to přesně.
P: Nevím – prosím, prosím ne – když jsem tu tak dlouho stála – a lidé se mi vysmívali a nadávali mi a pak mě zas poslali pryč – víte – kdyby mě pověsili, nebylo by to tak hrozné – tohle je mnohem horší, to si člověk nese pořád s sebou – nikdy nezapomene, nikdy, nikdy...
H: Ještě jednou tedy zpět – přehazují vám provaz přes hlavu a dělají, jako by vás věšeli.
P: Ano.
H: Co je dál?
P: Lidé nadávají – měl mě přece jen oběsit, ale to se nedělá – to se přece nedělá – ne – musím celý život běhat s tímhle trestem...
H: S jakým trestem?
P: Který mi ti lidé udělili!
H: Dobrá, co je dál – dali vám znovu provaz kolem krku? Vyprávějte přesně!
P: Víte, on říká, že mám jít a pak mě tak nějak uhodí.
H: Jak?
P: Uhodí mě – ten muž.
H: Jakpak?
P: No – nemůžu to říct –
H: Kam vás bije?
P: Jde mu o to, abych skoro upadla – skoro padla – je to v zádech – mám předstoupit – potom mám jít a lidé pro mě dělají uličku, stojí po obou stranách, nadávají, a já mám projít.
H: Teď tedy procházíte. Popište všechno naprosto přesně!
P: Ano.
H: A ten muž jde za vámi?
P: Ne, ten teď zůstal stát.
H: Myslím, jestli vás bije.
P: Ano.
H: Jak to dělá?

P: Nevím, jak bych to měla vyjádřit.
H: Má něco v ruce?
P: Ne, jen mě rukama popohání směrem k lidem – že skoro upadnu – potom musím běžet dál – dál...
H: Dobře, co děláte teď? Nač se díváte?
P: Na lidi.
H: Co vidíte?
P: Obličeje těch lidí – hrozné – nechápu – nerozumím, proč mi ti lidé zničili celý život.
H: No, nejdříve pokračujte!
P: A ty řady jsou hrozně dlouhé – mám jimi projít.
H: Je to před kostelem?
P: Ano.
H: Je dnes neděle?
P: Neděle ne, ale katolický den ano, ne neděle.
H: Co je to dnes za den?
P: Nějaký katolický den – něco se slaví – nevím, něco s matkou, nějaký svátek – nevím, jaký – svátek – uctívají matku svého boha, nevím, jak se jmenuje –
H: Jaké máme roční období?
P: Myslím jaro.
H: Jaký letopočet patří k této události?
P: 1496.
H: Jaký máme měsíc?
P: Květen.
H: Kolikátého?
P: Devatenáctého – uctívají přece Marii.
H: Dobrá, vraťme se na začátek této události. Jak jste se dostala na tohle místo, vraťte se k začátku – ještě jednou všechno přesně prožijeme, se všemi podrobnostmi a detaily – ještě jednou všechno prožijete – jak jste se dostala na tohle místo?
P: Víte – je přece svátek – musí se jít do kostela.
H: Jdete do kostela?
P: Ano – dnes, v květnu, se uctívá Marie, ano – taky jsem chtěla jít.
H: Co máte na sobě?

P: Šaty.
H: Jak vypadají?
P: Nejsou moc hezké – takové jednoduché.
H: Jakou mají barvu?
P: Jsou kárované, v různých barvách – ano, kárované – ale jen temné barvy – jako hnědá a tmavě modrá.
H: Jak ty šaty vypadají?
P: Myslím, že mi jsou trochu velké – staré barvy – vpředu pár knoflíků – tlusté – do pytle – úplně jednoduché.
H: Jak jsou dlouhé?
P: Až přes kolena.
H: Dobře, jdete do kostela – v jakém je to místě?
P: Nevím – v úplně malé vesnici.
H: Jak se ta ves jmenuje – v jaké zemi žijete?
P: V jižní Francii – podobá se to jižní Belgii – nevím – vypadá to podobně.
H: Je to Francie, nebo Belgie? Jak se to místo jmenuje?
P: Beaufort nebo tak nějak.
H: Dnes je tedy svátek a vy chcete jít do kostela?
P: Ano – je 19. května.
H: Jdete sama? Bez rodiny?
P: Ano.
H: Co je dál?
P: Jdu ke kostelu, před ním se jako vždycky shromažďují lidé, stojí tu a baví se spolu – a když přicházím – povídání přestane – najednou – něco tu nehraje – něco nehraje.
H: Co se vám nezdá, co slyšíte?
P: Lidé se přestali bavit – potom – jdou ke kostelu – potom jdou ke mně, obstoupí mě, nevím, co to má znamenat.
H: Co teď děláte?
P: Stojím tu.
H: Kde?
P: Na místě a lidé kolem mě – dívají se na mě – tak výsměšně –
H: A co děláte vy?
P: Nevím – jen tak stojím – divím se – nevím, co se děje – co se stalo.
H: Máte nějaké tušení?

P: Nevím, asi jsem něco provedla. Nemůžu si na nic špatného vzpomenout – protože jsem asi porušila nějaký zákaz.
H: Jaký zákaz?
P: Pořád mě pronásledovali – protože jsme mysleli, že tam nikdo nebyl.
H: Kdo my?
P: Ten muž a já.
H: Co je s tím mužem?
P: Měla jsem ho ráda.
H: Už nemáte?
P: Měla jsem ho přece ráda!
H: Říkáte měla!
P: Ano, v lese, tam jsme se milovali, víte, ale byl ženatý – byl ženatý – přesto jsme se milovali – pořád jsme mysleli, že jsme sami – víte, cítil se mnou, byla jsem nešťastná, pořád sama – chtěl mě potěšit – to přece není nic špatného.
H: Domníváte se, že ti lidé stojí kolem vás kvůli tomu?
P: Ano.
H: Co se děje dál? Lidé stojí kolem vás, vy tušíte proč – co se děje?
P: Začínají nadávat.
H: Co je první slovo, které slyšíte?
P: Kurva – a tak vím, že jsem měla pravdu – že jsem přece jen nebyla sama, protože – věděla jsem to – ano, věděla –
H: Jak to pokračuje?
P: Víte, řekli, že jsem špatná.
H: Prožijte to ještě jednou.
P: Nevím, cítím něco příšerného – že se něco děje.
H: Co se děje?
P: Nadávají – křičí, že jsem kurva – stojí – taky že jsem blbá.
H: Kam se díváte?
P: Na zem, proto koukám na zem, abych neviděla lidi – tím se trochu přiznávám – jako bych byla opravdu vinna.
H: Máte špatné svědomí?
P: Do jisté míry ano – ačkoliv jsem byla velice šťastná, cítila jsem se provinile.
H: Co je dál? Lidé nadávají?

P: Ano – mám strach – nevím, co udělají – nemohu se bránit – potupí mě.

H: Jak to dělají?

P: Chytí moje vlasy a šaty.

H: Jaké máte vlasy?

P: Dlouhé.

H: Jaké barvy?

P: Tmavé.

H: Za ty vás lidé chytnou?

P: Ano, a posmívají se.

H: Co se děje teď?

P: Nadávají mi – do bláznů – šaty mi spadly na zem – hrozně se stydím – nesnáším to.

H: Strhli z vás šaty?

P: Ano.

H: Jaká tu teď stojíte?

P: Polonahá.

H: Co máte na sobě?

P: Takovou – jakousi košili – košili jako šaty – a boty.

H: Podívejte se na sebe dobře ještě jednou, tak jak tu stojíte.

P: V takové košili...

H: Jaký je to pocit?

P: Strašný – když tu člověk takhle stojí – nepřipadá si ani jako člověk – a lidé křičí – křičí, že tu stojím jako v tom lese a nic jsem si z toho nedělala – to je ale něco jiného – bylo to něco úplně jiného – stydím se – a pak přijde ten muž s provazem, protože někdo vykřikl, že by mě měli pověsit. Dává mi provaz kolem krku – a lidé se smějí a tleskají.

H: Co při tom nyní cítíte?

P: Že se hrozně stydím – že bych chtěla pryč – všichni lidé, co tu stojí, přihlížejí – a pořád mě srovnávají.

H: S čím?

P: Nežila jsem přece tak, jak to má být, víte? Dnes je svátek – jako boží matka Marie – Marie, to byla žena – tak se má žít – a pak, víte, co jsem udělala, to se nepatří – je to velká hanba...

H: Co teď dělá ten člověk s provazem?

P: Víte, dělá, jako by mě věšel – jen tak z žertu – lidem se to docela líbí.
H: Co přitom cítíte?
P: Víte, být mrtvá není tak hrozné jako tu stát s takovou hanbou – stát tu takhle před lidmi je hrozné – člověk se cítí, jako by nebyl nic – vůbec nic –
H: Co je dál?
P: No, stála jsem tu už dost dlouho, tak mám jít a žít pořád s tou hanbou – pořád tak žít – a pak mám projít mezi lidmi – udělají pro mě uličku – tou mám projít.
H: Jak se vás to dotýká?
P: Hrozně – člověk se tak stydí – že už ani není člověkem...
H: Dělají vám něco, když procházíte?
P: Ne – ne – jen mě tahají za košili – nadávají, až už nic neslyším – až už jsem pryč...
H: Kam jdete? Co pak děláte?
P: Někdo mi hodil moje šaty – když už je po všem – pak už jen běžím, utíkám pryč od těch lidí.
H: Kam?
P: Někam k vodě – byla tam voda – tam jsem se posadila – jsem u vody – u takového malého jezera.
H: Co děláte teď?
P: Ještě pláču.
H: Vy pláčete?
P: Ano – zdá se mi, že teď musím celý život žít v hanbě – pořád se stydět – pořád se stydět – nemohu přijít lidem na oči – nemohu se jim podívat do očí –
H: Rozhodla jste se tedy, že se budete celý život stydět?
P: Ano.
H: Pořád se stydět a nikomu se nepodívat do očí?
P: Ano.
H: Nač ještě myslíte?
P: Nikdy už nepoznám lásku – nikdy – nikdy! Budu se pořád stydět – na mém těle zůstane stále něco špinavého, stále bude pošpiněno.
H: Co je dál? Jak dlouho sedíte u vody?
P: Moc dlouho – až se setmí – potom jdu domů.

H: Co se děje teď?

P: Jdu domů, a pak do svého pokoje. Můj otec o všem věděl – myslel na někoho, kdo by si mě chtěl vzít – teď už si mě nikdo nevezme – ale on o někom věděl – za toho bych se měla vdát.

H: Nepřehlédli jsme nějaký důležitý detail této příhody – nepřehlédli jsme něco, co je na této události důležité?

P: Že mi ti lidé strhli šaty z těla – víte – to mi připadalo strašné.

H: Stála jste tam jenom v košili?

P: Ano.

H: Stalo se ještě něco jiného než to, o čem jste teď vyprávěla?

P: Ne, ale byla to pro mě hrozná ostuda.

H: Strhli z vás ještě něco?

P: Myslím, že ne, ale přece – stála jsem tam nahá.

H: Strhli vám z těla všechno?

P: Ano.

H: Byla jste úplně nahá?

P: Ano.

H: Podívejte se ještě jednou na tu situaci přesně!

P: Ano, měla jsem ještě řetízek, a na něm cosi viselo – viselo na něm srdíčko, srdce – byl to dárek – jinak nic.

H: Celou vás vysvlékli?

P: Ano.

H: Soustřeďte se ještě jednou na ten okamžik.

P: Nechtěla jsem – člověk se nemůže bránit – měla jsem tam stát tak jako v lese – říkali, že mi to nemůže vadit – a dívali se na mě – ale přece jen mi to vadí – stydím se.

H: Prožijte znovu, jak vás vysvlékají. Kdo to dělá?

P: Chlap, co stojí za mnou.

H: Co dělá potom?

P: Stahuje ze mě šaty – víte, ty šaty, co se nosí, jsou hrozně velké. Chci je sevřít, podržet – vyrve mi je z ruky, roztrhne – moji košili – jsem nahá – jsem úplně nahá.

H: Co je tu ještě?

P: Nic – jen mi nadávají – ale stojí tu ještě někdo, koho znám.

H: Kdo je to?

P: Ten muž, kterého jsem měla ráda.
H: Co dělá?
P: Jenom přihlíží – kouká sem – kouká tam.
H: Co přitom cítíte?
P: Je to hrozné – je teď jedním z těch lidí – hrozné – hrozné – víte, když jsem s ním byla sama, nic mi nevadilo – ale teď – vidí mě nahou –
H: Co ještě cítíte, když ho vidíte? Jak se na vás dívá?
P: Zle ne, to ne – je to jen takový prázdný pohled – žádná láska – žádná nenávist – měla jsem ho ještě ráda – ale vím, že už se nikdy neuvidíme, nikdy, nikdy.
H: Dobře, odpoutáme se od této události a půjdeme vpřed, pořád dál, až k roku 1975. Zastavíme se u 4. června 1975.

Metoda reinkarnační terapie

Následující stručné vylíčení technické stránky reinkarnační terapie je v prvé řadě určeno pro odborně zaměřené čtenáře. V žádném případě to není návod, podle něhož by měli laici zkoušet experimentovat. Důrazně varuji ty, kdož by ze zvědavosti či pro ukrácení dlouhé chvíle chtěli vzájemně nahlížet do svých předchozích životů. Při této metodě se jedná o hluboký zásah do lidské psychiky, který by měl zůstat vyhrazen speciální terapii nebo ezoterickému školení. Pouhé hrátky by mohly mít za následek nepříjemná překvapení. Neznamená to, že tato metoda je zvláště nebezpečná, ale i nůž na chleba může při dětské hře způsobit velkou škodu. Vždy záleží na tom, jak s ním uživatel umí zacházet.

Čtenář, obeznámený s hlubinnou psychologií, nebude mít žádnou potíž udělat si podle následujícího náčrtu představu o této metodě. Je také na něm, zda a do jaké míry ji bude chtít sám použít. Vážným zájemcům (tím míním lékaře, psychoterapeuty a praktické léčitele) nicméně doporučuji, aby se této metodě osobně naučili v kurzech, protože zatím vykrystalizovalo značné množství technických triků, které značně usnadňují její použití v denní praxi a které lze jen obtížně popsat.

Reinkarnační terapie se dělí na několik fází, které teď postupně představím.

1. Diagnóza:

Tento bod není zpočátku příliš náročný. Zjistí-li se lékařským vyšetřením, že žádná organická choroba (jako např. mozkový nádor) není primární příčinou symptomu, spokojíme se přesným vylíčením symptomatiky, jejího počátku a faktorů, které ji vyvolávají. Podle druhu pacienta se to může uskutečnit ve třech větách, nebo životopisem. Není třeba poddávat se již teď větším spekulacím o psychických souvislostech. Hlavně bychom se měli bránit tomu, abychom každého pacienta, případně jeho symptom, chtěli co nejdříve klasifikovat. Ve skutečnosti je zcela nepodstatné, co mu je, důležité je jen to, že tu je a potřebuje pomoc. Čím déle nějakého pacienta nechápeme, tím více roste šance, že mu správně porozumíme později. Cpát nějaký případ hned v první hodině do nějaké klasifikační přihrádky znamená ve většině případů jeho znásilnění.

Na počátku psychoterapeutické rozpravy se pacient a terapeut spojují proto, aby společně nastoupili cestu do duše. Oba zprvu nevědí, jaká ta cesta bude, kam je zavede a jaké zážitky na ně čekají. Spojení s terapeutem pacienta posiluje pro tuto cestu. Ačkoli terapeut při této cestě pomáhá jako rádce a pomocník, jde přece jen o pacientovu cestu do duševní krajiny. Proto dbám na to, abych při první příležitosti pacientovi řekl, že všechno, co se během terapie děje, musí zvládnout sám, že mu nemohu nijak pomoci. Pokouším se jenom být dobrým průvodcem či ukazatelem na jeho cestě.

Naším cílem je uzdravení. Uzdravovat se znamená zároveň mířit k blahu a spáse, rozvíjet se. A rozvíjet se může jen pacient sám. Tuto roli nemůže přenechat terapeutovi za sebevětší honorář. Takový rozhovor je na počátku terapie velmi důležitý, aby se pacient zbavil pasivity, jaká při lékařském ošetření obvykle panuje: „...ať mi doktor píchne injekci, abych byl opět zdravý!“ Čekat jen na to, co udělá terapeut, může celou terapii ohrozit. Pochopí-li však pacient svou úlohu, bude ho brzy těšit, že může na svém rozvoji aktivně pracovat. Takový postoj k terapeutické situaci značně snižuje diagnostické nároky.

Pro mě je nejdůležitějším informačním prostředkem pro diagnostiku horoskop. Ukazuje pacientovu základní strukturu a problematiku a poskytuje informaci o tom, které základní problémy ho přivedly do momentální situace. Horoskop je bezpochyby nejindividuálnější a nejexaktnější způsob diagnostiky, neboť ukazuje osobní obraz konkrétního člověka bez statistické unifikace a průměrných hodnot. Zároveň tvoří rámec, uvnitř něhož se člověk může a má rozvíjet.

Kvůli kontrole průběhu terapie je samozřejmě možné používat některé testy hlubinné psychologie. Já se většinou spokojuji s velkým Luscherovým barevným testem. Dále se nabízejí: Rorschachův test, Szondiho test, tu-anima test a další. Nelze zapomenout na výrok dr. Heyera: „Kde nejde nic nahmatat, musí se testovat." Naše hlavní diagnóza začíná až později.

2. Hypnóza:

Hned při druhém sezení uděláme další krok. Začneme s hypnózou, případně s tréninkem uvolnění. Po krátkém vysvětlujícím rozhovoru o tom, jakou má pacient představu o hypnóze, provedu kyvadélkový test. Pacient přitom drží klidně kyvadélko v ruce. Jako podložka mu slouží deska s kruhem a vepsaným křížem. Nyní ho žádám, aby se soustředil na určitý směr (kruhový, svislý, nebo vodorovný) a představil si, že kyvadélko se vychyluje v tomto směru. Po krátkém čase se kyvadélko v udaném směru skutečně začne pohybovat.

Tento jev je pro většinu pacientů překvapující a já mohu, zatímco provádíme další variace tohoto experimentu, vysvětlit něco o moci představy. Jestliže se experiment podaří (a většinou ano), nestojí už hypnóze nic v cestě. Pokud se to někdy nepodaří, je to znak pacientova určitého odporu proti mně nebo proti postupu. V takových případech připojím pacienta pomocí elektrody na malý, vysoce citlivý přístroj na měření odporu kůže. Kladu-li pak jednotlivě přesně cílené otázky, ukazuje mi přístroj prostřednictvím psychogalvanického kožního reflexu (PGR) velmi rychle, kde zpravidla leží nevědomé blokády, které by mohly bránit v rozhovoru. Ty jsou pak osvětleny a odloženy. Potom s jistotou funguje i kyvadélkový test, který se předtím nezdařil. Poté se pacient usadí do pohodlného křesla a já začnu s hypnózou.

Při prvním sezení se vyhýbám všem experimentům, kromě těch, které vyvolávají tělesné pocity jako tíhu, klid, horko. Pacient se musí naučit uvolnění, a ne být ihned vystaven tlaku. Většina pacientů si do prvního hypnotického sezení přináší příliš silné očekávání. Teprve když pacient zjistí, že se vlastně nic neděje, dokáže se opravdu poddat. Elektronická meditační hudba většině pacientů ulehčuje další ponořování do hypnotického spánku.

Již po prvním sezení se zjistí, jak se pacientovi hypnóza zamlouvá. Zatímco někdo ihned upadne do hlubokého hypnotického spánku, jiný ujišťuje, „že je stále úplně bdělý a všechno slyší“.

Je důležité objasnit, že hypnóza nemá nic společného s bezvědomím, že naopak vyvolává vyšší stupeň vědomí. Objasňuji většinou hypnózu na příkladu kapesní svítilny. Prochází-li světlo rozptylovou čočkou, vidím toho relativně hodně, ale také relativně nezřetelně. Nechám-li světlo procházet spojnou čočkou, vidím sice jen docela malý bod, ale velmi jasně a ostře. Totéž se odehrává v hypnóze. Odpovídá-li naše denní vědomí rozptýlenému světlu, hypnóza pak vědomí silně zúží, aby se určitý bod přehnaně zvýraznil.

Pro další terapii není tak důležité, jak hluboká je pacientova hypnóza. Při té probíhá regrese rychleji a snadněji. Důležité je pouze uvolnění, v němž pacient může zřetelně vnímat tíhu a horko. Toho lze ve všech případech po několika sezeních dosáhnout.

Při těch dalších začnu sugerovat barevné zážitky. Sugesce je například taková: „Sama od sebe, bez vašeho přičinění, vystává před vaším vnitřním zrakem určitá barva – je to vaše barva!“ Zpočátku se vyhýbám sugerování určité barvy, abych vyloučil jakýkoli nátlak na pacienta. Mluvím-li jenom o „jeho barvě“, je nucen očekávat, co přijde samo. Teprve když dokáže zřetelně vnímat první barvu, pokračuji a projdu celý barevný kruh: modrá – zelená – žlutá – oranžová – červená – fialová – modrá. Má-li pacient potíže s barevným viděním, nechám ho představit si louku. Tím začíná

3. Symbolické drama:

Probírám podle rychlosti pacienta postupně louku, potok, pramen, ústí. Tuto techniku a sled obrazů podrobně vyložil prof. Leuner pod pojmem katathymní obrazové prožitky. Vedle sledu obrazů od prof. Leunera používám mimořádně vydatně a rád mořský odliv s kouzelnou hůlkou a kouzelným prstenem, jak to popsal Thomas. Symbolické drama vytvářím vesměs velmi mobilně, aniž bych se držel určitých obrazů. Symbolickým dramatem dosahuji současně tří věcí:

a) Pacient se učí technice denního snění, tj. při zavřených očích vidět a prožívat obrazy a současně je líčit. Tím, že se tyto vnitřní obrazy vynořují bez vědomého řízení „jako samy od sebe“, zvykne si pacient přijímat materiál tak, jak přichází, a podávat o něm zprávu bez kritiky a komentáře. Při těchto sezeních se prohlubuje hypnotický stav sám od sebe.
b) Druh obrazů dovoluje provést velmi dobrou diagnózu o skutečném psychickém stavu pacienta. Princip je tu podobný jako u projektivního testu. Archetypické symboly jsou pacientovi vnuknuty ve formě obrazů, které se utvářejí podle jeho psychické struktury. Protože pacient tuto symboliku většinou nezná, je prostřednictvím obrazného světa možná velmi přesná diagnóza.
c) Metoda symbolického dramatu, která v sobě obsahuje i terapeutickou techniku, odstraňuje v symbolické rovině i napětí. Terapie tedy začíná již zde a pacient to ani nepozoruje, neboť tato metoda má v sobě cosi hravého.

4. Porod:

Nemá-li již pacient žádné potíže s obrazným prožíváním, proberu s ním jeho vlastní porod. Sugestivně ho vedu k okamžiku narození a pak ho nechám prožít a vylíčit celý jeho porod. Přitom už vždy zřetelně vystoupí tělesné pocity. Pacient přitom prožije dýchací potíže, tlak na hlavu, tělesnou bolest ap. Cítí pach nemocnice, vidí prostor svého příchodu na svět, přítomné lidi, a slyší každé vyslovené slovo. K tomu není nutná hluboká hypnóza. Pacient vklouzne do této situace téměř naráz, a to i tehdy, když to považuje za nemožné. Mnohokrát jsem již zakusil, že pacient při sugesci „Prožijte svůj porod!" mi začne zdůvodňovat, proč to u něho nejde, a pak své omluvy náhle přeruší, protože začne pociťovat porodní bolesti. Průběh porodu je vícekrát opakován, neboť při každém opakování je pacient přesnější a vždy rozpozná více podrobností.

Když je porod uvědoměn, terapie většinou vstoupí do nové fáze, neboť pacient na vlastním životě poznal, že neexistuje nic, co by bylo skutečně zapomenuto a nač by si nemohl vzpomenout. Naučí se, že neexistuje žádné „Nemohu si vzpomenout", ale pouze „Nechci si vzpomenout". Nechává teď s důvěrou pasivně vystoupit to, co přichází samo od sebe, aniž by to chtěl aktivně ovlivňovat. Dost často je totiž třeba značného úsilí k tomu, aby se pacient přesvědčil, že vše se děje samo od sebe, jen když je připraven dát tomu volný průběh. Většina lidí se domnívá, že je třeba obohatit terapii o důvtipnou analýzu jejich symptomu, dětství, výchovy apod.

Právě racionální analýza musí být při naší metodě striktně odložena. To je též důvodem, proč na začátku nedělám žádnou podrobnou anamnézu. Všechno, co pacient ví a může vylíčit, nebývá s jistotou příčinou symptomu. Celková informační hodnota všech vyprávění nějakého pacienta se omezuje na to, že vím, na čem určitě nezáleží. Pro tuto malou kořist je však škoda času. Rychlým přístupem k prožitku porodu jej značné množství uspořím, protože událostem z tohoto života téměř nevěnuji pozornost. Tuto ztrátu snadno dohoním, jsem-li si jist, že pacient nechává zážitky pasivně vystupovat, skutečně si uvědomuje potlačené prožitky, a neohřívá po sté oblíbené problémy, které docela určitě nemají žádný náboj.

Po porodu přezkoumáváme jednotlivé měsíce embryonálního stavu, abychom vyzkoušeli, zda nějaké trauma neleží tady. Když navážeme i na početí, přivedli jsme k uvědomění největší nevědomý úsek nynějšího života. Každého pacienta vedu k uvědomění porodu, nitroděložního stavu a početí nezávisle na okamžité symptomatice. Dosáhne-li můj pacient tohoto stavu (potřebujeme k tomu průměrně deset sezení), nestojí nic v cestě poslednímu technickému kroku.

5. Inkarnační regrese:

Jak jsem už dříve popsal, můžeme se do pacientovy vzdálené minulosti dostat dvěma způsoby. Podobě jako u porodu vynořují se obrazy a události samy od sebe, zpočátku ještě neuspořádané, ale často již jako uspořádaný celek. Nyní je otázkou zkušenosti rozpoznat, zda se pacient nachází v rovině psychodramatu, nebo ne. Rozlišovací znaky jsem již uvedl. Tato sezení se opakují a vedou tak dlouho, dokud se hledané trauma (ale může jich být i víc) nevynoří a není prožito. Pacient a terapeut většinou postřehnou, zda již bylo při určitém zážitku nalezeno prapůvodní trauma, nebo zda se jedná pouze o předběžný, ale směrodatný článek kompletního řetězu.

Tato sezení můžeme kontrolovat pomocí zmíněného přístroje na měření psychogalvanického kožního reflexu, což představuje velkou pomoc. Při jisté zkušenosti je na přístroji vidět, kde leží trauma, jaký má náboj, zda už může být konfrontováno a kolik energie přitom odchází. Všechny tyto pomocné prostředky nejsou nezbytně nutné, spoří však při cílevědomém nasazení terapeutovi i pacientovi čas. Reinkarnační terapie vyžaduje na základě těcho úsporných metod často jenom třicet až šedesát hodin. Projevující se zábrany jsou buď znakem vysokého energetického náboje události, k níž se blížíme, nebo produktem nějakého jiného problému, který proces dočasně překrývá. Zábrany se pojednávájí stejným způsobem jako symptomy. Příliš vysoké energetické náboje mohou být snižovány vsunutým psychodramatem a zbaveny nebezpečnosti.

Mezitím jsou při každé terapii jednotlivé hodiny použity k tomu, aby se formou rozhovoru objasnily otázky, které vystupují samy od sebe. Pacient přitom nahlédne do základních zákonů života a vesmíru. Pokračuje-li se v rozhovorech, které se při terapeutické situaci samy nabízejí, připadá každému pacientovi snadné pochopit tyto souvislosti, neboť během sezení již prožil, jak se teorie mění v praxi.

Psychoterapie je duchovní misí. Její technika může být vypilována tak dobře, jak to jen jde, nesmí však být pacientovi jako technika předváděna. Ústředním bodem terapie je lidské setkání, které pacientovi umožňuje, aby sám sebe poznal. Ale v té míře, v jaké člověk sám sebe postupně poznává, poznává i svou projekci do okolí, kterou dosud vždycky považoval za realitu přicházející zvenčí. S každou projekcí, kterou stáhne, přebírá větší kus odpovědnosti, ale současně zažívá, že svět mimo něj se mění s ním. Jedním z nejdůležitějších cílů mé terapie je to, že pacient časem pochopí, že okolní svět, o němž si myslí, že ho ovlivňuje, je ve skutečnosti jen zrcadlovým odrazem jeho samého. Tím dostává do rukou účinný nástroj, jímž může měnit svět do podoby, po jaké touží – tím, že se sám mění.

V tomto bodě se ostře odlišuji od všech sociologických, společenských a politických myšlenkových modelů, které se snaží člověku namluvit, že je produktem vnějšího světa. Jaká perverze pojmů! Člověk nemůže být nikdy produktem svého okolí, mnohem více je společnost produktem člověka. Moji pacienti mi to zpočátku nevěří, naštěstí to není třeba – zažijí to sami během terapie. Zpočátku je pro ně příliš těžké pochopit, že na jejich osudu nenese vinu nikdo z okolního světa, jen oni sami. Nakonec však právě tento názor vede k osvobozující svobodě.

To vše ukazuje, že světonázorové a filozofické otázky nemohou být v žádném případě z mé terapie vylučovány. Psychoterapie zahrnuje celého člověka, dotýká se nejhlubších vrstev jeho bytí. Psychoterapie musí člověku pomoci, aby se sám našel, porozuměl si a smysluplně se zařadil do kosmu. Mechanici duší nejsou žádnými psychoterapeuty. Původně ležely duchovní péče a lékařské umění v jedněch rukou, totiž v rukou kněze. Knězem nemám na mysli to, co se dnes běžně pod tímto pojmem rozumí, nýbrž ony moudré muže, kteří znali zákony přírody a kosmu a z těchto vědomostí čerpali schopnost pomáhat a léčit. Rozčlenění tohoto povolání mezi křesťanské kněze, psychoterapeuty a lékaře nepřineslo lidem velký užitek. Obnovené spojení těchto tří větví poznání by bylo pro trpícího člověka blahodárné. Psychoterapie má dnes šanci tento vývoj podpořit.

Tyto závěrečné myšlenky by mohly vyvolat dojem, že reinkarnační terapie je prostě nová terapeutická technika – ta je však pouze konceptem, což jí patrně ztíží přístup do odborných kruhů.

Případ Claudia

H: Vracíme se vaším životem, čas pro nás nehraje žádnou roli. Čas je pro nás pouze prostředkem dorozumění, dělícím měřítkem – budete proto prožívat minulost tak, jako by se odehrávala právě teď. Minulost se stává přítomností. – Vracíme se, mládnete, je vám pětadvacet let – jdeme ještě dál nazpět, je vám dvacet. – Jdeme ještě dál, je vám patnáct, deset. Dnes máš desáté narozeniny, jak se ti vede?

P: Nijak zvlášť.

H: Proč?

P: Mám chřipku.

H: Dostala jsi nějaké dárky?

P: Nic moc.

H: Cos tedy dostala?

P: Matka mi poslala balíček. Červenou blůzu a šedou skládanou sukni s ramínky, jsou na ní červené a zelené puntíky – ale vzali mi ji.

H: Kdo ti ji vzal?

P: Sestra, řekla, že je ta sukně krátká, že mi nesedí, a pak ji dala jiné holce; byl to můj dárek k narozeninám (pláče) – sestra, ta mě nemůže vystát, rozdá všechno, co dostanu – všechno mi vezme, všechno, nic si nesmím nechat (pláče) – já ji taky nemám ráda, nenávidím ji – ach – nemám ji ráda (pláče) – nenávidím ji, nenávidím (pláče).

H: Opustíme den tvých narozenin a půjdeme ještě dál nazpět – vracíme se časem – mládneš, je ti šest let – chodíš už do školy?

P: Ano.

H: Umíš už počítat?

P: Ano.

H: Kolik je pět a pět?

P: Mám dvě ruce – deset.

H: Dobře – jdeme ještě dál, jsi pořád mladší, je ti pět, čtyři, tři, dva, jeden – zaměříme se na okamžik tvého narození, dnes je 13. 4. 1946. Právě se rodíš. V kolik hodin?

P: Čtyři hodiny, padesát dva.

H: Dobře.

P: Je sobota, je sobota.

H: Právě se rodíš, co cítíš, co prožíváš?

P: Uf – něco mě tlačí dovnitř.

H: Kam?

P: Tam, kde jsem byla dosud.

H: Jak to tam vypadá?

P: Nevím – tma a teplo, ale jak to vypadá? Nic nevidím, jen cítím…

H: Co tam cítíš?

P: Je tam trochu těsno, ale je to teplé a měkké!

H: Dobře, jak to pokračuje, právě se rodíš – vylič přesně všechny dojmy.

P: Ne, nejde to, nemohu ven – nemohu ven, nemám dost vzduchu – já, ne že bych neměla dost vzduchu, ale – nevím – nemůžu ven, ale musím – nejde to, ale teď je naráz jasno, a něco mě zvedá – nějaká paní leží na stole – je to moje matka, a jiný lékař ještě něco vyndává – břicho je otevřené – a já, já už jsem venku.

H: Odkud?

P: Z břicha, z otevřeného břicha, krvácí, a já se teď chytám nějaké – hmm (směje se), je to porodní asistentka, nebo co to je – asistentka, ano – a ta pořád říká: „Můj bože, takové pěkné dítě – s takovýma krásnýma modrýma očima" – a já vůbec nevím, jestli mám modré oči – hm.

H: Stala se při porodu nějaká chyba?

P: Ne, ne, myslím, že ne, neumím si představit, co by se mohlo stát.

H: Přišla jsi na svět císařským řezem?
P: Nevím, jak se tomu říká, v každém případě nařízli té paní břicho a tudy jsem se dostala ven.
H: Vracíme se ještě dál, jdeme do té dutiny, z níž jsi vyšla – je v tom čase mezi početím – proč se směješ – povídej –
P: Hm (směje se), nic – jen to tak hopsá –
H: Ano, vyprávěj přesně, co hopsá?
P: Nevím, hm, hm.
H: Co se děje?
P: Ano, ležím tam uvnitř, a zkrátka to tak hopsá, myslím – ne – tohle to nemůže být – nemůže, už jsem to prožila, tohle hopsání, ale to jsem se ještě nenarodila.
H: Jen popiš, co se děje, popiš všechny své pocity!
P: Je to příjemné, je to šíleně příjemné, teplé a měkké, a když to hopsá, je to měkké, nebolí to, a pořád se mi zdá – ale to si určitě jen namlouvám – už jsem to hopsání a natřásání jednou prožila, ale nevím, co to je.
H: Jaké to je?
P: Jako v nějakém voze, jako nějaký vůz, který jede po kamenech.
H: Dobrá, zaměř se na tento obrázek.
P: Ano, já (kašle)...
H: Co je, proč kašleš?
P: Jsem nemocná, byla jsem v nějakém voze s pánem – v kočáru – musím pořád kašlat.
H: Jak se jmenuješ?
P: Jmenuju se Claudia, je to od Claudin – protože máti říká, aby nikoho nic nenapadlo –
H: Co nemá nikoho napadnout?
P: Tenkrát, když jsem se narodila – tenkrát bylo v kraji plno Francouzů – byly to Napoleonovy oddíly – a máti, máti mě – pojmenovala mě Claudin – aby si všichni mysleli, že jsem od nějakého Francouze –
H: Proč si to měli myslet?
P: Nikdo nesměl vědět, že je mým otcem pán.
H: Který pán?
P: No, ten pán, baron.

H: Co je to za barona?
P: Hm, baron von Redwitz, který je už ženatý.
H: Proč mu říkáš „pán"?
P: Protože moje matka pro něj pracuje.
H: Co pro něj dělá?
P: Šije pro Charlottu a pro jeho paní.
H: Kdo je Charlotta?
P: Charlotta je dcera.
H: Čí?
P: Pána a jeho paní.
H: A tenhle pán je tvým otcem?
P: Ano, ale nesmím to říct. Vy to taky nesmíte nikomu říct.
H: Odkud to víš?
P: Máti mi to řekla, ale předtím jsem to nevěděla, vím to teprve od třinácti let.
H: A kolik je ti teď?
P: Je mi třináct, a jedeme v kočáru, v koňské drožce.
H: Kam?
P: Do Berlína.
H: Kdy ses tedy narodila?
P: Dvanáctého září 1810, ne, 1812, Charlotta se narodila 1810 (vzdychá).
H: Myslíš Charlottu?
P: Ano, je milá – vždycky mi pomůže, když si s něčím neporadím sama.
H: Chodíš do školy?
P: Ano, ale ne do školy – máme domácí učitelku.
H: Kdo, my?
P: Charlotta a já.
H: Co se učíš?
P: Všechno možné, počítat, psát, francouzsky – ale já se nechci učit francouzsky – říkám pořád „madmosell" – a pak mě šoupne do postele a řekne: „No, jen si odpočiň" – protože ví, že jsem nemocná.
H: Co je ti?
P: Doktor řekl, že to jsou souchotiny.
H: Co to je? Jak se přitom cítíš?

P: Hm, špatně se dýchá, musím pořád kašlat, jsem strašně hubená a to kašlání bolí.
H: Jedete tedy v drožce, kam jedete?
P: Do Berlína.
H: Co chceš v Berlíně?
P: Chci vidět krále.
H: Odkud jedete?
P: Z Ratiboře.
H: Jak se to jmenuje?
P: Ratiboř.
H: Kde to je?
P: No, ve Slezsku.
H: Je to velké místo?
P: Tak..., ne tak moc.
H: A jedeš do Berlína?
P: Ano.
H: Co tam chceš, v Berlíně?
P: Chci vidět krále!
H: Kterého krále?
P: No, Bedřicha Viléma!
H: Proč ho chceš vidět?
P: No jo, přála jsem si to, protože, protože chci vidět, jak vypadá – a papá – pán řekl, že až zase pojede do Berlína, vezme mě s sebou – a taky ano – proto teď jedeme do Berlína.
H: Říkáš mu teď papá, nebo pane?
P: Papá mu říkám, jen když jsme sami.
H: A jinak?
P: Jinak vždycky pane Redwitz.
H: A teď jedete do Berlína.
P: Ano.
H: V čem jedete, je to velké auto?
P: Co? Co prosím?
H: Jestli je to velké auto, nebo je to nějaký autobus?
P: Fí, nějaký co? – Jedeme přece v kočáru s koňmi, už jsem ti to řekla.
H: V koňském kočáru?
P: Ano.

H: Kolik jej táhne koní?
P: Čtyři.
H: Dobrá, teď tedy přijíždíme do Berlína.
P: Ano.
H: Vyprávěj, co se děje dál.
P: Já – je tu něco jako procesí nebo co – a je chladno – je zima – mrznu, a pán mě bere kolem ramen a balí do svého pláště – hm – a pak přijíždí kočár s králem – já – hm, toho bych tedy nemusela vidět – je pořádně starý a ošklivý, vždycky jsem si myslela, že král musí být krásný a mladý, ale tady ten, ten je starý – a já jsem zklamaná.
H: Je tu i královna?
P: Ne, ta umřela – ta je už dlouho mrtvá. Papá říká – pán říká, že umřela ještě dřív, než jsem přišla na svět – než se narodila Charlotta.
H: Král se ti nelíbí?
P: Nee!
H: Jak vypadá?
P: Ach, ten je – fuj – je starý – nevím, má takovou, takovou směšnou bradu, ne, nemá žádnou bradu – má takovou – pusu a hned krk a pak, pak má hrozně velký nos – (směje se) – ale papá říká, že králům se nesmíme posmívat – ano – říká, že princové a králové nejsou vždycky krásní a mladí – ale přesto se musím smát, jak vypadá – opravdu není hezký – jen na jeho narozeninách se mi líbí.
H: Co se ti na nich líbí?
P: Že tu vždycky něco dostaneme!
H: Co tu dostanete?
P: Ach, plno dárků.
H: Od koho?
P: On je vždycky nechá rozdělit – je to taková slavnost – vždycky v létě.
H: Kdy má ty narozeniny?
P: V srpnu.
H: A co se tu rozdává?
P: Ach, prostě všelijaké krámy.
H: Například?

P: Na náměstí vždycky postaví takové stánky – rozdělí se cedulky – víš, takové cedulky, a na nich je něco, nějaké číslo nebo jméno nebo něco podobného, a pak jdem do těch stánků a díváme se, co za tu cedulku dostanem, a pak opravdu něco dostanem – já jednou dostala řetízek.

H: Víš přesně, kdy jsou královy narozeniny?

P: Ano, myslím že 8. srpna.

H: Dobře, teď jsi tedy viděla krále.

P: Hm – ano.

H: Co ještě v Berlíně děláte?

P: Celkem málo – pán – pán cosi kupuje – cosi pro zvířata – ale nevím, co to je –

H: Co by to mohlo být?

P: No – aby byla zdravá nebo silná nebo něco takového.

H: Jaká zvířata?

P: Jo, koně a krávy – ze statku, víš, máme totiž dost zvířat.

H: Která máš nejradši?

P: Koně.

H: Umíš jezdit?

P: Ach ano, ale nijak zvlášť, protože se neumím pevně držet.

H: Proč to neumíš?

P: Já ti to nevyprávěla?

H: Ne.

P: Protože moje levá ruka, ta je přece chromá.

H: Nemůžeš jí hýbat?

P: Nee – musím s ní vždycky – nevím – máti vždycky říkala – ale dřív, teď to nejde – je to trest.

H: Zač?

P: No přece, za to, co provedla.

H: Co udělala?

P: No přece – protože s pánem – no, o tom se nemluví.

H: Můžeš mi objasnit, jaký je tu vztah?

P: Jaký vztah?

H: Mezi tím, co udělala, a tvou ztuhlou či chromou rukou.

P: Ano, matka řekla, že je to trest za její hřích. Protože, nebyla přece za pána vdaná, ten už měl tenkrát ženu, a také dítě – Charlottu.

H: A ty nemůžeš rukou vůbec pohnout?

P: Ne, musím si vždycky pomoct druhou rukou a přidržet prsty, pak s ní něco udržím, ale nic necítím, víš, doktor, ten mi do ní vždycky píchne jehlou, ale já to necítím – vždycky říká, že ani nebudu nikdy cítit.

H: Umíš psát?

P: Ano, psát už umím, píšu druhou rukou.

H: Kterou rukou píšeš?

P: No přece pravou, když to levou nejde.

H: Napíšeš mi něco?

P: Ano, co?

H: Své jméno.

P: Ano.

H: Tady máš něco na psaní.

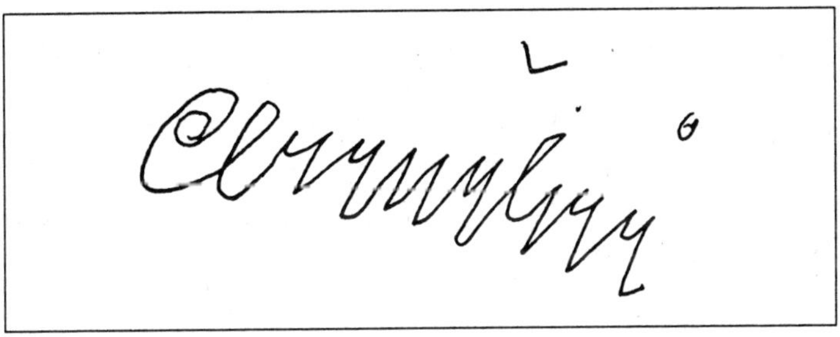

H: Moc pěkné, co to je?

P: Přece Röder, už jsem ti to řekla.

H: Röder?

P: Ano.

H: Jmenuješ se Claudia Röder?

P: Ano.

H: Vracíme se opět do hlubší minulosti, mládneš, je ti deset, osm, šest, čtyři, dva, a teď se právě rodíš. Jaké máme datum?

P: 12. září 1812.

H: Právě se rodíš, v kolik hodin?

P: Ach, to nevím, nemáme přece hodiny.

H: Přesto víš, kolik je hodin.

P: Nee, nemáme přece hodiny, nevidím je.

H: Ale přesný čas – na minutu přesný tě napadne. Jaká hodina tě napadá? Je to hodina tvého narození!

P: Ach, já – je to tak dávno, ale – ano, minuta před čtvrtou.

H: Ráno, nebo odpoledne?

P: Je tma, je tma, ano, právě jsem se narodila.

H: Co se děje, pojď, povídej!

P: No ta, ta mi připadná tak směšná –

H: Kdo ti připadá tak směšný?

P: No, tahle stařena, ta žena, a teď pořád opakuje: „Ubohý červíček, takový ubohý červíček," pořád to říká, no jo, jsem taky dost slaboučká, myslím –

H: Jaké hlasy ještě slyšíš?

P: Žádné, jenom tu stařenu, mluví tak směšně – „takový červíček".

H: Co tím míní?

P: No přece mě!

H: Proč jsi neduživá?

P: É, nejsem neduživá, jsem jen slaboučká, víš, taková – no jo, taková trochu moc mrňavá – hm.

H: Ale jinak jsi v pořádku?

P: Myslím, že ano, aspoň dost řvu.

H: Líbí se ti na světě?

P: É, vůbec ne.

H: Proč ne?

P: Je chladno, a žena, která pořád tak směšně mluví, ta by měla říkat něco jiného, ta je ošklivá, nee – nevím, prostě se mi tu nelíbí.

H: Líbí se ti tvá matka?

P: Och ano, maminka je hezká, moc hezká – ale v tuhle chvíli ne tak moc.

H: Proč ne?
P: No, myslím si, že ji to dost vzalo, vypadá unavená a bledá.
H: Jdeme dál, před narození, jak se ti líbí tady?
P: Prima.
H: Jaké to tu je?
P: No, můžu si tu dělat, co chci.
H: Co tedy děláš?
P: Převaluji se sem a tam.
H: Proč to děláš?
P: Nevím, je to příjemné, víš, všude, kde narazím, je to měkké a poddá se to, nemohu si ublížit, a je tu teplo, je to prostě – víš, co je to bezpečí?
H: Je to tady?
P: Myslím, že ano.
H: Dobře, popojděme zase o něco zpět, jděme tak daleko, až se na tvém dosavadním stavu opět něco změní, jdeme stále dál, až se octneš v nějaké nové situaci – co vidíš?
P: (vzdychá – vzdychá) – můj bože, ne, ó ne, ó ne.
H: Co je?
P: Mně se to hnusí.
H: Co?
P: Ha, ty krysy, ó ne – pomoc!
H: Nejdříve řekni, kde jsi!
P: Huš, bože můj (pláče) – jsem v nějaké věži (pláče), já, ne – ty –
H: Povídej, co tu vidíš?
P: Krysy, krysy, fuj – to ne –
H: Proč jsi tady v té věži? Co je to za věž, jak ses sem dostala?
P: Hodili mě sem (naříká).
H: Posuneme se kousek nazpět – než ses octla v té věži. Pověz mi něco o svém životě, kde jsi, co děláš?
P: Já, my, opustili jsme nějaký dům – dům ne, naši chaloupku, museli jsme pryč.
H: Proč?
P: Protože hledají mého muže.
H: Proč ho hledají?
P: No jo, chtěl napadnout vévodu – chtěl ho zabít.
H: Tvůj muž chtěl zabít vévodu?

P: Ano.
H: Proč?
P: No, protože lidem všechno bere – nechá jim jen tolik, aby vyžili, a všechno ostatní jim vezme.
H: Jak se ten vévoda jmenuje?
P: Nevím.
H: Kde se svým mužem žiješ?
P: Ach, v Köhlertalu.
H: Kde to je?
P: Tady, v tom, v černém lese, lidé mu říkají „černý les“.
H: Znáš nějaké město v blízkosti?
P: Ano, je tu jedno místo – je tu léčivá voda, víš, ta, říká se o ní, že kdo ji pije, ten zůstane zdravý.
H: Jak se jmenuješ?
P: Já?
H: Ano.
P: Ríkají mi Leni.
H: Jak ještě?
P: Nijak, lidé mi říkají „černá Leni“.
H: Proč ti říkají černá?
P: Protože mám dlouhé černé vlasy.
H: Jak jsi stará?
P: Je mi šestadvacet.
H: Který rok píšeme?
P: 1703 a –
H: Který rok píšeme?
P: Myslím 1723.
H: Kdy ses tedy narodila?
P: Než se změnilo století.
H: Kolik let předtím?
P: Nevím přesně, myslím tři roky.
H: Narodila ses 1697?
P: Je to možné.
H: Teď je ti šestadvacet?
P: Ano, a teď, musím přemýšlet, nejsem moc chytrá.
H: Umíš psát?
P: Ne, neumím.

H: Ani trochu?

P: Ne, znám jenom číslie, které jsem někde viděla, ale nevím, myslím si, že to jsou číslice, ale nevím, co znamenají.

H: Napíšeš mi je tak, jak jsi je viděla?

P: Ano.

H: Tady máš něco na psaní.

P. Musím je sem opsat?

H: Ano, opiš je!

P: Tak to nejde, musím to nejdřív zkusit, jestli to půjde.

H: Zkus to a opiš je.

P: Hm – je to těžké, nezvládnu to, ještě jednou to zkusím, je to – tak o a tak 8.

H: Dva kroužky nad sebou?

P: Ano, nahoře malý a dole větší, nahoře malý kroužek – vidíš, vidíš to?

H: Ano.

P: Ano, ale já nevím, co to je, totiž vím, že je to číslice, a pak – víš, vždycky jsem se to chtěla naučit, ale není tu nikdo, kdo by řekl: Jak ti to jde? Tak a tak... Je to na zdi, víš, na téhle zdi, z které to opisuju.

H: Co je to za zeď?

P: Patří k hradu.

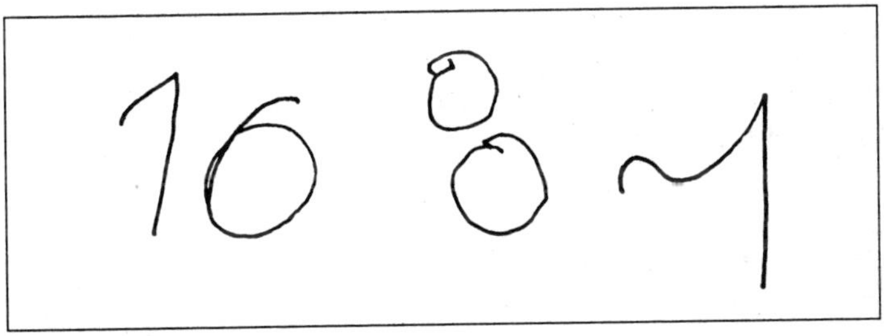

H: To je 1687.

P: Nevím, co to je, jenom jsem to opsala – ale své jméno napsat neumím.

H: Udělalas to moc hezky, děkuji, mluvíš vždycky tak, jako teď se mnou?

P: Ano.

H: I s ostatními lidmi tak mluvíš?
P: No jo, máme prostě svoji vlastní řeč.
H: Pak mluv v téhle řeči.
P: Ano.
H: Pověz mi něco – kde bydlíš?
P: (mluví teď krajovým dialektem) Sem ti to už přecejť řekla.
H: Kde to je?
P: V Köhlertalu.
H: Máš tu dům? Kde vlastně bydlíš?
P: Měli sme kdysik takovej domek – a vod tý doby, co šli po mým mužovi, sme se tam skovávali. Víš, nejni to žádnej dům, jen taková pastouška, vypadá to jako domek, ale nejni. Ale dyž prší – sedíme aspoň v suchu.
H: Jak to vypadá uvnitř?
P: No, jenom kamenný zdě – ale vzali sme si z domova pár klumpů.
H: Kde jste teď doma?
P: V tý pastoušce, co sme dřív bejvali.
H: Dříve jste bydleli v nějaké pastoušce?
P: Jo.
H: Co jíte?
P: Věčinou nějakou zeleninu, zemáky, jahody, maso.
H: Kdy jíte maso?
P: Dyž de muj něco chytit.
H: Kdo?
P: Muj muž.
H: Co loví?
P: Věčinou zajíce.
H: Střílí je?
P: Hanýsek? Depak, má takovej – takovej aparát, copak vim, jak se to menuje?
H: Jak to vypadá?
P: Jo tak, nejprv měl luk a šípy, ale pak to dělal jednodušejc. Vypadá to jako luk s šípama, ale je to něco jinýho, nevim, jak se tomu řiká.
H: Dobře, řekni mi něco o svém muži.
P: Je to takovej trouba – takovej (směje se) – ale před nim, to

se ví, bysem to neřekla – víš, dyť ho mám ráda – holt si myslí, že dyž toho vejvodu voddělá, že pak bude líp, ale já si to nemyslim – šak na to taky přijde, co sem mu řikala.

H: Je s tvým mužem ještě někdo, nebo to podniká sám?

P: Je s nim ještě fůra lidu, ale –

H: Jak ti lidé tvému muži říkají?

P: No, menuje se Hans.

H: A jak mu říkají?

P: Nijak, dyž je to Hans, tak mu říkaj Hansi.

H: Čím byl dříve, než z něj byl rebel?

P: Uhlířem. Co z něj mělo bejt? Cos to povídal?

H: Není snad rebel?

P: Co to má bejt? Hanýsek, víš, ten – co nýčko je? Rebel? Né, myslim, že se tomu řiká jináč.

H: Co je tedy? Jak se tomu říká?

P: Jak, holt asi povstalec.

H: A co dělal dřív?

P: Dělal milíře.

H: Co dělal?

P: Milíře.

H: Už jsi ho tehdy znala?

P: Se ví, mněli sme dvě děti.

H: Jak se ty děti jmenují?

P: Jiří a Tami –

H: Jiří a Tami?

P: Jo, Jiří je starší.

H: Oba jsou chlapci?

P: Jo.

H: Jak je Jiří starý?

P: Jiřímu je deset, Tamimu může bejt vosum, jojo, voctl se na tomdle světě dva roky po Jiřím.

H: Po kom?

P: Po Jiřím.

H: Jak je to tedy, jste na útěku, nebo se schováváte?

P: Skováváme se, tak je to.

H: Děti máte s sebou?

P: Jo, mám je tady – ale Hans tu neni.

H: Kde je tedy?
P: Ten je jinde – pakovala sem ho dál.
H: Proč?
P: Že aby ho nechytli.
H: A jak se ti tu vede?
P: Ách, mý nohy, bolej mi nohy.
H: Proč?
P: Poněvač sem tak daleko utíkala, ale víš, my sme to – jak se to říká – my sme to zmákli tak – já sem s Jiřim a Tamim tak blízko hradu, že vo tom vejvoda nemá páru – hledá nás vo moc dál – myslí si, že sme utekli někam daleko, a přitom sme jen kousíček vod hradu – a von to neví – doběhli sme ho – haha, každej den někdo frčí kolem – musim holt pokaždý co nejrychlejc zacpat dětem pusu.
H: Kdo běží kolem?
P: Ty, co hledaj mýho muže.
H: Kdo to je?
P: Nějaký stráže vod vejvody nebo co – jak vypadaj? Cos povidal? Jak vypadaj – jak vyhlížejí, jo?
H: Ano.
P: No jo, jak vypadaj – hm, maj takový úzký kalhoty a kazajku, úzký kalhoty, holinky až po kolena.
H: Jakou barvu má ta kazajka?
P: Rudou, ty kazajky sou rudý.
H: Dobrá, povídej, co je s vámi dál. Hledají vás, a co pak, když trochu poskočíme v čase?
P: Já sem – muž se neukáže, skoval se – řekla sem mu, aby se skoval u jednoho kamaráda – bydlí blízko toho místa, kde je ta voda.
H: Víš, jak se to místo jmenuje?
P: Jo, přibližně, poněvač někdo říká Lázně Teilach nebo Teinach, ale ty ostatní prostě Teinach.
H: A tam je teď tvůj muž?
P: Jo, je to blízko.
H: Jak se ti vede teď?
P: No, nemám co jíst – a – du do lesa a koukám, esli bych nenašla zajíce nebo tak něco.

H: Jak to děláš?

P: Cha, šňůrou.

H: Jak?

P: Musim holt čekat, víš – udělá se voko a já vim, kudy zajíci vždycky běhaj, kde – jak se řiká – maj svou promenádu – a čekám a čekám, držim tu smyčku – musim holt zkusit, jesli se vobjeví, a tak ji pověsim a čekám, až tudy zajíc proběhne, ale věčinou to neklapne – poněvač – ty zající sou moc rychlý a nejsou hloupý – ale jednou sem jednoho chytla, pořádně se škubal – a tak du zasejc do lesa a zkoušim najít něco k jídlu – děti maj hlad – maj...

H: Mělas někdy ve svém životě peníze?

P: Peníze? Ne – ty se počítaj, že jo – znám to, vim, že sou – ale my je nemáme, my ne.

H: Co je dál s tebou a tvými dětmi?

P: Jo tak, sem v tom lese a zkoušim sehnat něco k snědku.

H: Vyšlo to?

P: Ne, ne – voni přišli...

H: Kdo přišel?

P: Ty stráže vod vejvody.

H: A?

P: Utikám jako – myslim jako že sem rychlá, že umim rychle běžet – ale voni maj – voni maj víc páry – nejdřív to docela de, ale pak už nemůžu – jak řikám – nemůžu už utíkat a voni sou čim dál blíž – ach, už mě maj – nedá se nic dělat –

H: Co dělají, když už tě mají?

P: Hm, hm (naříká)...

H: Vypravuj, co se děje, no tak – jen vyprávěj – celé si to vybav.

P: Eště mě nechytli, ale už mě maj – bránim se jako čert – ale voni sou štyry – myslim – počítat neumim, ale je jich tolik jako prstů na mý ruce, dyž skovám palec – tolik jich je, a sou vo moc silnější než já...

H: Co s tebou dělají?

P: Drží mě fest a vlečou mě k tomu – no – k tomu blbounovi – k vévodovi.

H: Ano, a co tam?

P: No, a ten Anglán je tu taky.
H: Jaký Angličan?
P: Vévoda má návštěvu nebo tak –
H: Odkud to víš?
P: Takovej Welšan, co mě pořád sledoval, ta svině mě prozradila.
H: Řekni mi o něm něco.
P: Ten jedinej věděl, kde sem, jednou sme ho potkali v lese – směšně žvanil – nerozuměla sem mu – rajt, rajt – nebo okej říkal – furt jen říkal okej – furt...
H: Cos říkala ty?
P: No co, zkoušela sem s nim mluvit docela normálně, jako teď s tebou, tak – ale von tomu nerozuměl – hoho – byla sem už ostříhaná – totiž – a von mě furt pronásledoval – věděl, že muj muž tu neni – a pořád po mě chtěl – pořád chtěl, víš co, ne...
H: Co chtěl?
P: No – hm –
H: Nu, co tedy chtěl?
P: To ti neřeknu, dyť to víš.
H: A ten je teď tady též, když tě předvedli?
P: Je na hradě u vejvody a mluví na něj tou svou směšnou hatmatilkou.
H: A co je s tebou dál?
P: Teď mě bijou – ale jak – a chtěj vědět, kde je muž – ale (naříká) – ale já jim to neřeknu – (vzdychá) – a pak mě strčej do věže, kde sou krysy – nedostanu nic do huby, a čim sem slabší, tim blíž lezou ty – nemůžu je zahnat – teď – ach – (naříká).
H: Pokračuj, povídej, co je?
P: Ať dou pryč.
H: Prosím?
P: Ať dou pryč – ty potvory – ožírají mě, ožírají mi nohy – ach – fuj tajfl –
H: Popiš, co vidíš.
P: Ach, to – (naříká).
H: Důkladně se dívej.

P: Mám se na to ještě dívat (vzdychá)…
H: A popiš to.
P: Nemůžu se na to koukat.
H: Tak popiš, jaké vnímáš barvy.
P: Sou černý – černý – och –
H: Dál.
P: Fuj (vyjadřuje hnus).
H: Čich vynech, dívej se!
P: To tak.
H: Popiš, co se děje.
P: Furt mě ožírají –
H: Dívej se důkladně.
P: Uf –
H: Důkladně.
P: Ale to je – chceš vode mě moc – mám se koukat, jak mě ožírají…
H: Necítíš odpor – jen se díváš, už ses podívala?
P: Jo.
H: Dobře, můžeme jít dál – co je s tebou teď. Pokračuj, povídej, co se s tebou děje –
P: Sem v bezvědomí –
H: Jaký je to pocit?
P: Bezvadnej – nic už necítim.
H: Můžeš to ještě vidět?
P: Jo, eště vidim – ale nejsem to já – to je – sem to já, ale – ale, vidim sama sebe.
H: Co je to – jak je to možné?
P: Aha, sem mrtvá – hó (ulehčení).
H: Nu, pokračuj, vyprávěj, jaké je to teď?
P: Nechali mě chcípnout hlady – teď dou dolu po schodech – jeden do mě kope – ne do mě, ale – ale do mýho těla, který tu leží – kope mě do boku a řiká, že mám vstát a jít s nim, ale to nejde – sem přece mrtvá – a pak jeden řiká: „Myslim, že je po ní,“ nebo něco na ten způsob, a ty tlustý krysy, ty ožírají moje tělo.
H: Když teď pozoruješ, jak tě ty krysy žerou, co přitom cítíš?
P: Nic, je to jen vnějšek – žerou jenom vnějšek – to mi nevadí.

Když jsou pořád v téhle díře, musí mít hlad – nedostanou nic k žrádlu, a tak takhle hodují – já to už necítím.

H: Co teď děláš?

P: Hm, hledám svého muže – je ještě u svého přítele v jeho chalupě a má nějakou holku nebo paní, nevím to přesně, drží ji v náručí, smějí se a jsou veselí – jsou docela veselí, pijí a smějí se.

H: Co přitom cítíš?

P: Nic – vůbec nic – když mu to dělá dobře – když je tak spokojený a šťastný, nechme ho při tom.

H: Co ještě děláš?

P: Jdu za – musím ke svým dětem, musím se podívat, co dělají – malý pláče – a já, hladím ho po vlasech a zkouším ho vzít do náručí – ale nevěřím, že to cítí – a ten velký, Jiří, pořád na něj mluví.

H: Co mu říká?

P: Říká: „Počkej, máma se brzy vrátí," a Tami říká: „Ale je už tak dlouho pryč, a já mám hlad."

H: Co přitom cítíš?

P: Nevím, nevím, co to je – cítit – aha, cítit – jsou to moje děti, ale já už k nim nemám žádný vztah.

H: Dobře – co se děje dál?

P: Hm, mohu všechno vidět a vnímat, ale jsem všude a nikde – víš, je to takový stav – jak to mám vysvětlit – takový – všechno je vyrovnané a klidné a můžeš si přát, kde chceš být, a najednou, najednou tam jsi – jenom tím pomyšlením – nemáš už přece žádné tělo.

H: Chtěla bys je opět mít? Nějaké tělo?

P: Nee, kdyby se to opakovalo, nee, nevěřím, že by se mohlo znovu stát něco takového, co už je pryč, ne, nechci už žádné tělo.

H: Chtěla bys pořád zůstat v tomhle stavu?

P: To nevím.

H: Co bude dál?

P: Myslím – myslím, že opět dostanu nějaké tělo –

H: Kdy to bude?

P: Hm – pro lidi je to dlouho – ale pro nás ne.

H: Kdo jste?

P: Ano, my – my jsme – nevím, kdo jsme – máme myšlenky – jsme, jsme myšlenky- myslím, že jsme jenom myšlenky – bez těla, ale přesně ti to říct nemohu.

H: Je to hezké? Tento stav?

P: Je, hezké, hezké – víš, to, čemu se říká život a co se během něj stane – to je – jak to mám říct – teď je sice všechno harmonické, vyrovnané a klidné, ale neexistují žádné výšky ani žádné hloubky – víš, ty bys řekl, že je to nudné – myslím si – ty jsi člověk a lidé se v tomto stavu – nevím to jistě, jen si to myslím, ale myslím si, že by se ti zdál velice nudný.

H: Tobě se zdá nudný?

P: Já, hm, nevím, jak ti to vysvětlit, je tu hezky – ale já musím ještě jednou, myslím, že musím ještě jednou ven – víš, mezi námi jsou takoví, kteří už ven nechtějí a také nemusejí, ti tu mohou zůstat – protože se s tím stavem smířili – víš – vědí, že to tak bude pořád – jsou s tím spokojeni, jsou šťastni – opravdu šťastni, nechtějí nic měnit – ale já, nevím – totiž myslím si, že za nějakých pár set let by mě to nudilo – myslím si – musím znovu ven – nejsem ještě hotová – nejsem ještě tak daleko jako ti, co říkají: „Tady zůstaneme," víš, rozumíš? Opravdu tomu rozumíš? Jsi přece člověk.

H: Pokouším se ti porozumět.

P: Ano, ale víš, nedokážu to tak dobře vysvětlit, já – kdybych teď měla tělo, mohla bych ti to vysvětlit mnohem líp – víš – ale já teď nic nejsem – jsem jenom – co jsem? Víš, co jsem?

H: Co jsi?

P: Víš, co jsem? Můžeš mi říct, co teď jsem?

H: Nejsi prostě tvé já?

P: Ano, ale – já už jsem já – ale z čeho to já je? Snad ze – hm, nevím – ze vzduchu, nebo, hm...

H: Jak bychom mohli říkat tomu, z čeho jsi?

P: Možná energie, nevím, jestli to pochopíš – může to být energie – ale nevím to přesně...

H: Dobrá, pak chceš ještě jednou na zemi?

P: Jo, fajn, ale nechci mít žádné tělo, které musí tolik trpět –

H: Můžeš to zařídit?

P: Ne, to nemohu.
H: Jak bude nový život probíhat?
P: Krátce, velice, velice krátce.
H: Proč krátce?
P: Protože musím znovu trpět – právě to, co jsem nechtěla – tělo bude muset znovu trpět, ale duše ne – jenom tělo – ale duše, ta bude – myslím si, docela vyrovnaná – ale já, víš, co jsem – to, co jsem v tomhle okamžiku – to, co je uvnitř těla – tělo trpí – ale to, co jsem já, to netrpí – to zůstává klidné a...
H: Je to nějaký pokrok?
P: Ano, je.
H: Dobře – jděme tedy k této proměně – jděme k onomu časovému okamžiku, kdy jsi opět spojena se svým tělem – jaký je to pocit?
P: No, takový, hm – pocit – je to – žádný pocit – je to jen – nedá se tomu říct pocit – jestli mě, když mám tělo, jestli mě štípneš, tak to cítím – ale to, co je teď, není žádný pocit, je to – hm – nevím, jak ti to mám vysvětlit.
H: Jsi už pohromadě s hmotou?
P: Ne, ještě ne.
H: Kde jsi?
P: Ano, ještě jsem, hm, kde jsem – všude a nikde.
H: Dobře, jdeme k tomu okamžiku, kdy se opět spojíš s hmotou.
P: To je – musím sem, musím dovnitř –
H: Kam dovnitř?
P: Já – do tohoto spojení.
H: Je to těžké?
P: Nee, těžké ne, ale – také to nebolí, není to nepříjemné – ale nevím, jak ti to vysvětlit – představ si – představ si obrovský vysavač, ano, a ten tě táhne dovnitř nebo tak nějak – přibližně, ano, ale nebolí to – ani to není nepříjemné, opravdu ne.
H: Co je s tebou dál?
P: Ano, teď jsem uvnitř, v tom svazku.
H: Jak to pokračuje?
P: Nemám ještě žádné tělo, a ta věc, v které jsem, ta roste –

ale jde to vlastně moc pomalu – je to jako – víš, jako když ti někdo pomalu, docela pomalu natahuje všechny údy, a najednou – ale nechci tvrdit, že je to nepříjemné – náhle je tu – najednou je tu opět tvar, postava –

H: Můžeš přehlédnout svůj budoucí život?

P: Ano.

H: Víš o své paži?

P: Vím.

H: Co je příčinou vady této paže, kterou nemůžeš hýbat?

P: No ta, asi – ta žena, v které jsem – která bude později mou matkou – nevím, ale buď ji kdysi musel někdo kopnout, nebo musela upadnout – víš, ale spíš si myslím, že to musel být nějaký kopanec.

H: Zaměř se na ten okamžik.

P: Nemůžu to vidět.

H: Můžeš to vidět – popiš, co se děje.

P: Ano, matka stojí ve stáji s pánem – který je mým otcem, mluví s ním – ach – je docela klidná – víš – a pán je trochu rozčilen, šermuje rukama a křičí, a koně jsou neklidní – matka jde těsně k pánovi a ten, och, do ní strčí.

H: Popiš to strčení.

P: On – matka – totiž žena, v které jsem, která bude později mou matkou – chce jít k němu, chce ho objemout – ale nerozumím, co si říkají – co povídají – strhne její ruce dolů a prostě ji odstrčí, ona zády narazí do koně, ten se lekne, vyhodí a zasáhne ženu do břicha.

H: Co cítíš?

P: Cítím to, cítím – nevím, je to – jako by to, co teď jsem, bylo němé – víš – ještě nejsem, ještě jsem – nemám ještě žádné tělo – žádné opravdové – jsem docela nehotová – a tato nehotovost, ta je taková – víš, necitlivá.

H: To kopnutí je příčinou tvé zmrzačené paže?

P: Ano – protože zasáhlo přímo moje rameno.

H: Dobře, jdeme dál, jdeme k okamžiku tvého narození – rodíš se.

P: Ano, musím ven odtud, kde teď jsem – totiž v těle té ženy – a ta pak bude mou matkou.

H: Připadá ti ta žena známá – je možné, že jsi s ní už byla v některém z předchozích životů?
P: Ne, nepřipadá.
H: A připadá ti známá některá jiná osoba, která tu je?
P: Ano, ano, je tu malé dítě, malá holka – jsou jí asi dva roky, hm, a tu jsem už někdy musela vidět.
H: Podívej se zpátky, kdo to byl? Můžeš přehlédnout svůj poslední život? Kde se vzala?
P: Byla to moje sestra – ale není to dítě matky, která mě teď přivedla na svět – není, patří jiné ženě – to dítě patří ženě pána – ale, hm, ne, to...
H: Byla v minulém životě tvou sestrou?
P: Ano.
H: Poznáváš toho pána, mohla ses s ním někdy v minulosti potkat?
P: Ne, nikdy jsem ho neviděla, ale to malé děvče znám, ta holčička se utopila – utopila se v potoce, který tekl okolo nás.
H: Tehdy?
P: V Köhlertalu, ano.
H: Kolik jí tenkrát bylo?
P: Asi čtyři. Ale já...
H: Mohla jsi za to, že se utopila?
P: Ne, ne, to nejde, nemohla jsem na tom mít vinu.
H: Je starší než ty?
P: Ano, ještě jsem nechodila.
H: Dobře, vrátíme se zpátky k tomu děvčeti, k tvému životu, který jsi teď začala – je to tedy dcera pána, který je také tvým otcem?
P: Ano – ale vlastně to ještě nevím, že je mým otcem.
H: Dozvíš se to teprve později?
P: Ano, dozvím se to teprve tak v třinácti letech.
H: Teď to tedy ještě nevíš.
P: Vlastně ne, ne.
H: Jdeme dál tvým životem, k třináctému roku tvého věku, kdy se to dozvíš; jsi starší, větší, je ti třináct – ano?
P: Ano.
H: Jakého stáří dosáhneš?

P: Nebudu moc stará, mám ještě asi půl roku života – ne víc.
H: Dobře, jdeme dál, až k okamžiku krátce před tvým koncem.
P: Ano.
H: Vylíčíš mi, co se stalo?
P: Ano, ležím na posteli a jsem strašlivě tenká a hubená, já, hm, je tu lékař a říká, že mi už nemůže pomoct – že musím umřít.
H: Dobře, tak to probereme.
P: Ano.
H: Co se děje?
P: Nic moc – je to, jako když usínám, asi jako – není to žádný boj – jaký jsem už jednou prožila.
H: Myslíš tenkrát v té věži.
P: Ano, teď je to, jenom jako když usneš – víš, usínám a už se nikdy neprobudím, maminka se nade mnou naklání a hladí mě a pláče, a Charlotta je tu taky – taky pláče – myslím, že mě měla ráda –
H: Řekni mi datum, kdy jsi umřela.
P: Je zima – leden.
H: Který rok?
P: Nemůžu to říct přesně, snad 1826.
H: Kterého ledna?
P: Třináctého, nebo patnáctého.
H: Je třináctého?
P: Může být i patnáctého, ale je třináctého.
H: Je 13. ledna 18...?
P: 1826.
H: V kolik hodin jsi umřela?
P: Je poledne, odpoledne.
H: Jsou už tři, dvě?
P: Víc.
H: Víc než tři?
P: Ano, ale my nemáme žádné hodiny, musím, musím...
H: Přesný čas se ti vybaví, přečti ho!
P: Je 16.28.
H: Díky – a dál, co se děje teď?
P: Já, jdu k matce a hladím ji po vlasech – víš, předtím mi

vždycky říkala: „Když umřu, tak to není tak zlé, zase přijdu, zase přijdeš," říkala pořád a já jdu teď k ní a hladím jí vlasy, hrozně pláče a já jí říkám, mami, já zase přijdu – ale nemůže mě slyšet.

H: Co ještě vidíš? Matku a co ještě?

P: Ano, ji – leží na mém těle, na tom, co tu ještě leží na posteli – hladí mi vlasy a tvář – a pořád říká: „Milý bože, proč?" a pořád se ptá: „Milý bože, proč právě já, vždyť jsem neudělala nic zlého," nebo tak nějak, protože už byla za své hříchy potrestaná.

H: Čím?

P: No přece tím, že jsem měla zmrzačenou ruku, ne?

H: Jak se ti vede teď?

P: Je mi docela prima – jsem opět tam, odkud jsem přišla.

H: Myslíš, že život, který máš za sebou, se vyplatil?

P: Pro mě ano, já – moc se toho sice nedělo – nemohla jsem všechno, co jsem chtěla – nemohla jsem řádit jako ostatní děti – ale mohla jsem plavat, jezdit na koni a hrát si se všemi zvířaty, co tu byla, a myslím, že se to vyplatilo – nebyla jsem nespokojena s takovým životem, jaký byl, brala jsem ho takový, jaký byl, a byl pěkný.

H: Co s tebou bude dál? Zůstaneš v tomhle stavu?

P: No, to ještě nevím.

H: Proč ne?

P: No, zatím to trvalo moc krátce, víš, to, co jsem teď zažila, to – jak se to řekne – hm, jak se to vytříbilo nebo co – ale bylo to moc krátké...

H: Přijdeš znovu na zem?

P: Myslím, že určitě.

H: Co se ještě budeš muset naučit?

P: Ano, budu se muset učit brát osud tak, jak přichází, víš, prostě si vzít to nejlepší z toho, co přijde – a nenaříkat pořád – víš, dám ti příklad. Když mám žízeň a vidím sklenici vody, která je do půlky plná vody, pak nesmím říkat, ach, vždyť je poloprázdná, ale musím říkat: „Zaplať pánbůh, že je do půlky plná," víš, to se musím naučit – rozumíš, co jsem tím myslela?

H: Naučíš se to v tomhle přicházejícím životě?

P: Věřím, že ano, budu taky muset hodně toho snést a překousnout, jak se říká – ale myslím, že se to v tomhle životě určitě naučím –

H: Chceš tedy ještě jednou přijít na svět?

P: Nechci, ale musím.

H: Dobře, postupme k tomu okamžiku, kdy se znovu uskuteční spojení s hmotou –

P: Ano.

H: Prožij početí.

P: Je to opět obrovský vysavač – víš, to už jsem ti vyprávěla – nepamatuješ?

H: Pamatuji.

P: Tedy – je to – víš – hm, ale tentokrát tam nechci.

H: Kam?

P: No tam, kam teď přijdu.

H: Nechceš?

P: Nee.

H: Proč?

P: Nevím – určitě to dobře nepůjde, nevím – hm, nemůžu to vysvětlit – to –

H: Ale přijdeš tam?

P: Přijdu, musím, prostě to tak bylo určeno – víš, bylo to tak stanoveno.

H: Dobře, jsi už teď pohromadě s hmotou?

P: Ano, už jsem tu.

H: A začínáš růst?

P: Ano.

H: Vydáváme se kupředu až k okamžiku tvého narození. Právě se rodíš.

P: Hm – no jo, je to moc úzká věc – víš, jsem už teď dost velká, musím ven, a nejde to – u té ženy to nejde.

H: Jak to jde dál?

P: Teď se rozjasňuje, někdo mě zdvihá, ano, z břicha, to je nastřiženo – ano.

H: Pozoruj svou matku a osoby, co tě v tomto životě přijímají – připadá ti někdo známý, už ses s někým v dřívějším životě setkala?

P: Ne, s mou matkou určitě ne.

H: Tvůj dřívější otec? Tenhle Herr von Redwitz? Potkáš ho ještě někdy?
P: Je to možné, ale myslím, že bych ho nepoznala –
H: Přehlédni teď svůj život a podívej se, zda ho přece jen nepotkáš. Potká tě?
P: Ne, nepotká mě. Ale je tu – v nějakém jiném městě.
H: Řekni jméno toho města.
P: Ach, to by mohl být Kolín nad Rýnem – je tu nějaký – myslím, že je to dóm – a je tu – v Kolíně je tento muž – hm, no – nevím – ale je tu, a nejmenuje se Redwitz – jmenuje se jinak –
H: Věděla bys, jak se teď jmenuje?
P: Ne, to nevím – ale vím, jak vypadá.
H: Co dělá tady v Kolíně?
P: Nevím, mohl by, mohl by případně být lékařem nebo něco takového – nebo snad zvěrolékařem či co.
H: Ale vaše cesty se nezkříží?
P: Ne, v žádném případě, ne, neuvidíme se.
H: Jsi tedy na světě a rosteš.
P: Ano.
H: Pokročíme časem dopředu k roku 1975, ano?
P: Ano.
H: Zastavíme se u 11. května, ano?
P: Ano, dnes je Svátek matek.
H: Ano, dnes je 11. května 1975, spíte pevně a hluboce, nacházíte se v hlubokém hypnotickém spánku, probrali jsme množství věcí a urazili dlouhou cestu, přesto všechny detaily, o nichž jsme mluvili, se začlení do vašeho vědomí a i po tomto sezení vám budou plně k dispozici – všechno, o čem jsme mluvili, co jste prožila – co jste viděla, to vše máte po sezení plně k dispozici, souhlasíte s tím?
P: Ano.
H: Přehlédněte dosavadní vývoj, podívejte se na minulost, o níž jsme mluvili, jaké to je minulost přesně vidět, poznat a přehlédnout?
P: Ano, je to – poznání, které by měl udělat každý – každý by měl vědět, co s ním bylo, nebo je.

H: Pociťujete to tedy jako příjemné a pěkné?
P: Ano, jenom – je tu cosi –
H: Co je tu ještě?
P: Ty krysy.
H: Hm, co je s nimi?
P: Ty krysy – hnusí se mi – jak nějakou uvidím, naskočí mi husí kůže.
H: Proč?
P: Vy – nevíte, že mě kdysi krysy okusovaly?
H: Ano a vy to také víte.
P: Ano, a pokaždé, když spatřím krysu, tak...
H: Prožijte tedy ještě jednou, co jste tehdy prožila.
P: Ne, nevím – jestli to prožiju – v každém případě – strašlivě se mi to hnusí.
H: A ten hnus pochází z této doby?
P: Ano.
H: A pokaždé, když nějakou krysu vidíte, spojí se vám to s tím časem, víte, že ten hnus leží dvě stě let za vámi, ve vašem nynějším životě nemá co dělat, učíte se krysy milovat – zdají se vám milé, zdají se vám něžné.
P: Ach –
H: Tenhle pocit patří do doby před dvěma sty lety.
P: Myslíte si to opravdu?
H: Kam ten pocit patří?
P: Myslíte opravdu milovat krysy?
H: Hnusí se vám?
P: Ano.
H: Dobře, kam patří tento hnus? Zaměřte se na minulost!
P: Ano, 1725 –
H: Vraťte se k té situaci!
P: Ne.
H: Musíte se naučit ji pozorovat – ne si ji tolik hnusit, ne tolik emocí – neukazovat žádné emoce – dívat se a líčit – pozorovat – co se objektivně stalo? Krysy se na vás drápou, ano?
P: Ano, na moje nohy.
H: Ano, a proč? Protože mají hlad.
P: Protože mají hlad – ano.

H: Co je na tom zlého?
P: Proč žerou zrovna mě?
H: Co na tom?
P: Já to ještě cítím.
H: Ano, ale krysy mají hlad.
P: Ano.
H: Zkuste změnit pohled – co se objektivně děje?
P: No, cítím bolest, jak mě ohlodávají.
H: Krysy vás ožírají, vy jste předtím snědla zajíce.
P: Ano, máte pravdu.
H: Měla jsem, měla jsem taky hlad – a tak jsem zabila zajíce – ale ty krysy mě vlastně nezabíjejí – nemám pravdu – jsem už skoro mrtvá – nechají mě tady umřít hlady – nedostávám žádnou vodu a nic k jídlu –
H: Je to vina těch krys?
P: Ne.
H: Podívejme se tedy ještě jednou objektivně, co se děje.
P: Ano, mají hlad.
H: Prohlédněte si je!
P: Ano –
H: Líbí se vám – jak vypadají?
P: Jsou černé.
H: Jaká je jejich kůže?
P: Docela normální – ale mají dost hnusné ocasy.
H: Co je na nich hnusného?
P: No, jsou takové holé...
H: Jaké jsou objektivně?
P: Prostě bez srsti – je to jen –
H: Máte na celém těle srst?
P: Já – ne! Jsem přece člověk – mám dost dlouhé vlasy, to ano, ale na těle nemám žádnou srst.
H: Dobře, co je na těch ocasech objektivně?
P: Kůže.
H: Ano, a je hnusná?
P: V porovnání se srstí to zkrátka vypadá odporně, víš – srst, to ještě jde, ale ten holý ocas – to zkrátka nevypadá hezky – je to, jaksi tomu chybí estetika – víš – kdyby na tom byly vlasy, pak, myslím...

H: Podívejme se teď na krysí tvář – na hlavu.
P: Ach ano, ta je vlastně docela půvabná. Ale...
H: Tak už se s krysami smiř.
P: Okey.
H: Ale musíš to myslet vážně.
P: Já to myslím vážně.
H: Pak je to dobře – jsou to přece milá, zlatá zvířátka.
P: Že jsou milá a zlatá, to bych zrovna neřekla – ale...
H: Teď se musíš naučit mít tenhle druh ráda.
P: Ne, víš, teď tomu rozumím – vždyť jsi mi to vysvětlil – krysy za to nemohou.
H: Zlobíš se tedy na lidi, kteří tě nechali vyhladovět?
P: Ano.
H: A přesouváš svou zlost na krysy?
P: Ano, to jsem dělala.
H: Vezmeš svůj hněv zpět?
P: Ano.
H: A projevíš krysám uznání, které jim patří?
P: Hm – uznání pro krysy?
H: Už jsi je projevila, okey – popojdeme k roku 1975.
P: Uznání – hm –
H: Jdeme k roku 1975 – dobře, představ si nějakou krysu –
P: Ano.
H: Co přitom cítíš?
P: Nic.
H: Všechno je okey?
P: Ano – je to zkrátka krysa.
H: A už ti nebude žádná krysa nikdy vadit?
P: A co je s mou paží?
H: Co má být s tvou paží?
P: Nevím.
H: Tak s ní pohněte – už s ní můžete hýbat. Co je tedy s paží?
P: Necítím ji.
H: Vraťme se k té ruce – odkud pochází? Z které doby pochází tahle chromá ruka?
P: 1812.
H: A v kterém roce žijeme teď?
P: Svátek matek.

H: 1975.
P: Ano.
H: Co má co dělat chromá ruka v roce 1975?
P: Ano, ale já – můj bože –
H: Co je?
P: Ale já přece – ach, přirozeně, já už přece umřela.
H: Paže nemá co dělat – v tomhle životě nemá co hledat – nepatří sem – je to mýlka v čase – žijeme v roce 1975 a ruka je v pořádku, docela v pořádku.
P: Ano, zapomněla jsem na to.
H: Dobře – hýbat paží.
P: Ano, je to prima.
H: Máte teď možnost přehlédnout celou svou minulost – je teď pro vás kdykoli pohotově, což však neznamená, že se do ní musíte vracet – teď jsme to provedli, abychom si ji uvědomili – máte ji plně ve vědomí – nezapomínejte však – žijete teď a tady – věci z minulosti, události – pocity nemají v nynějšku a zdejšku co hledat – to je anachronismus – mýlka v čase, oddáváte-li se pocitům, které pocházejí z dřívějška – získáte schopnost při každé příležitosti, kdy se vynoří pocity, které do nynějška nepatří, ihned je poznat – že vlastně patří do minulosti – tím budete den ode dne stále vnímavější, vaše vědomí bude větší a hlubší, jasněji a zřetelněji budete všechno poznávat – můžete svou minulost dokonale přehlédnout – ale zároveň víte, že je to minulost, že teď žijete tady a nyní, úplně v přítomnosti a ne s lecjakými pocity z prošlé minulosti – souhlasí?
P: Ano.
H: Všechny události z minula tím ztratily nad vámi moc, protože o nich víte, znáte je, nemají na vás žádný vliv – neboť všechno, co je vědomé, nemá žádný vliv – vy máte vliv na to, co je vědomé, ale neplatí to obráceně – ovlivnit je možno jen to nevědomé – protože teď minulost plně znáte, už s vámi nic nezmůže – žijete zcela teď a tady – cítíte se dobře – cítíte tohle nové vědomí v celém těle?
P: Moje nohy mě ještě bolí.
H: Kam tahle bolest nohou patří?

P: 1725.
H: Kde žijeme teď?
P: 1975.
H: Kde jsou ty nohy teď?
P: No jo – to – víš, vždycky zapomenu – nebo si myslím, že to tam vždycky zapomenu nechat.
H: Máme už minulost za sebou – tam, kam patří – nyní žijeme teď a tady, a ve zdejšku se cítíte dobře, velmi dobře – jste spokojená a šťastná, nemáte žádné potíže – naopak – vaše celé tělo je v pohodě jako po dovolené – tak odpočaté a zotavené, jako kdybyste celé hodiny a dny spala – správně svěží – cítíte to v celém těle? Cítíte to?
P: Ano.
H: Ano, správně cítit – jak se to pociťuje?
P: Tak – hm – ne matně – ale nějak opravdově.
H: Ano – a teď se vrací i aktivita. Jste čilá – cítíte se šťastně a spokojeně – energie proudí do vašeho těla, cítíte se dobře – máte správnou chuť něco podniknout – souhlasí?
P: Ano.
H: Brzy naše sezení ukončíme – budete pak naprosto bdělá a i v bdělém stavu vám budou všechny informace z tohoto sezení k dispozici. Budete se cítit dobře, opravdu dobře.

Ezoterika a reinkarnace

„I u docela inteligentních lidí, kteří disponují velkým vzděláním a velkými zkušenostmi, můžeme občas pozorovat formální slepotu, ba přímo systematickou anestezii, chceme-li je například přesvědčit o determinismu.“

C. G. Jung

Pythagoras musel svou nauku rozdělit na dvě části, totiž na ezoterickou nauku, která byla míněna pouze pro vnitřní okruh jeho školy, a exoterickou nauku, jež byla přístupna i těm, kteří bezprostředně nepatřili k okruhu jeho žáků (ezoterický pochází z řeckého pojmu *esoteros* = vnitřní a je protikladem pojmu *exoteros* = vnější). Mezitím se ezoterika stala souhrnným pojmem pro tajné nauky zasvěcených, přičemž se na tento pojem nabalilo tolik pochybných spekulací a tvrzení, že mluvit o „ezoterice“ je poněkud na pováženou. Jestliže přesto tento termín užívám, pak jen proto, že v porovnání s jinými použitelnými termíny vzbuzuje přece jen méně předsudků. Pod pojmem ezoterika rozumím v nejobecnějším významu světonázorový protipól k oné myšlenkové stavbě, jíž se říká přírodní vědy.

Protikladnost pólů tu v žádném případě automaticky neznamená, že oba musí dospívat ke zcela rozdílným rezultátům, výsledkům a názorům. Polarita se vztahuje mnohem více na způsob konání. Pro oba je cílem nakonec totéž, totiž poznání světa, nebo skromněji řečeno, vytvoření modelu, který odráží realitu tak dobře, jak to jen jde. Přece však názory, jak nejlépe dosáhnout tohoto cíle, starého jako člověk sám, jsou často rozdílné a především podléhají určitým módním směrům.

Od jisté doby myslíme přírodovědně a spojujeme s tímto pojmem zcela určitý postup. Ten se stává druhem nástroje k měření, s nímž jsme se vydali měřit „skutečnost“. Toto „měření“, tentokrát míněno doslovně, se stalo nejvyšším kritériem, neboť to, co můžeme měřit, existuje. Výsledky posledních desetiletí se zdají správnost tohoto postupu a tohoto způsobu myšlení potvrzovat.

Tato euforie v posledních letech poněkud zeslábla díky varovným odkazům některých lidí, kteří důrazně připomněli, že s úspěchy se vynořily také nové problémy. Zůstává otázkou, zda jsme se skutečně přiblížili cíli poznat svět a zda jedinec jako „spotřebitel" těchto poznatků z toho může profitovat při formování svého života.

Této otázce nechceme většinou rozumět tak, jak je míněna. Nejsou jí totiž míněny četné a velmi užitečné technické vymoženosti, které nám umožňují překonávat dříve nepředstavitelné vzdálenosti, denně přijímat informace z celého světa a mnoho jiného. Otázka, jež musí být zodpovězena, nemíří totiž na pohodlnost či na čistý nárůst informací, nýbrž na to, co vytváří lidské bytí. Máme dnes právě tolik nemocných jako kdykoli dříve, psychická onemocnění včetně sebevražd rapidně rostou. Stal se moderní člověk šťastnějším? Bezpochyby neexistují pouze nemocní a nešťastní lidé, umožňuje však jejich štěstí teprve technický pokrok či informační záplava naší vědy? Nespočívá dnešní problém v této jednostrannosti vývoje? Přírodním vědám nesporně děkujeme za enormní vývoj, byl však bohužel naprosto jednostranný, postihl jen čistě funkční část skutečnosti.

Všechno, co se ve světě jevů manifestuje, obsahuje ovšem dva póly. Existuje tedy i protipól k funkcionalitě. Je to obsah, to podstatné, co právě nemůžeme měřit na metry a gramy a co přesto k lidskému bytí patří, právě tak jako to važitelné a materiální. Abych tento rozdíl mezi funkcionalitou a obsahem názorně načrtl: můžeme Beethovenovu Devátou symfonii velmi přesně převést na fyzikálně měřitelné údaje, jako jsou frekvence a tóny, rozčlenit a analyzovat, dokážeme tím však změřit zážitek, který v nás „Devátá" vyvolává?

Mnozí mají sklon hledat protipól racionálního, funkcionálního myšlení na půdě víry či pověr, kde se zdá, že jsou otevřeny dveře i brány každé spekulaci. Víra může být opačným pólem vědění, přesto však v tomto vztahu nejde o rozhodnutí, zda věřím, či vím, nýbrž o polaritu funkčního vědění a obsahově chápaného vědění.

Tato možnost dosáhnout pravého, fundovaného vědění, jež je nahlíženo nejen funkčně, ale i obsahově, vždy existovala a je i dnes využívána jako prostředek poznání.

Toto je ezoterická cesta, jež nemá být přeskočena, avšak ani zde nemusí kvantita nezbytně vypovídat něco o kvalitě. Ezoterická cesta existuje tak dlouho jako lidé, kteří při hledání smyslu života nelitují námahy se samostatným zpracováním odpovědi. Není divu, že je to spojeno s mimořádnou námahou, neboť ezoterická cesta nikdy nebyla cestou mas. Tím míním, že sotva existuje něco srovnatelného, co tak jako ezoterika zůstává nezávislé na duchu doby, módách a změnách názorů.

Ezoterika nestárne, neboť její téze představují zákony světa, lidí a života – což jsou věci, které zůstávají stále stejné, ačkoli se střídají jevové formy.

Ezoterika usiluje o vědění, které se nevyčerpává v katalogizaci dat a pravidel, nýbrž umožňuje pochopení světa a jeho zákonitostí. Tím, že ezoterika nemůže akceptovat svět jako něco náhodného a heterogenního, ale vnímá jej jako kosmos v jeho pravém významu, je možné dobrat se univerzálních zákonů, jež platí nejen v některé dílčí oblasti, ale které je možno objevit jako zákonitosti či principy ve všech rovinách jevů. Základní věta ezoteriky „jak nahoře, tak dole" (Hermes Trismegistos, Tabula smaragdina) dovoluje analogicky přenést objevený zákon do všech rovin skutečnosti. Zde se výrazně projevuje rozdílnost vědeckého a ezoterického postupu: zatímco se ezoterika pohybuje od centra k periferii, přírodověda začíná na periferii a postupuje do centra. Od toho ovšem zůstává velmi vzdálena, neboť interdisciplinární chápání se pro ni stalo velkým problémem. Periferii odpovídá pilné sbírání jednotlivých dat, zatímco hledaný základní vzorec světa se s vytouženým centrem míjí.

Další podstatný rozdíl mezi ezoterikou a vědou spočívá v tom, že ve vědě je možné funkční údaje libovolně dále zpracovávat, přebírat a používat. Tento princip ezoterice bohužel chybí, neboť tu tolik nezáleží na sběru údajů jako spíše na osobním porozumění. A rozumět něčemu za někoho jiného je právě tak nemožné jako za někoho jiného jíst a pít. V ezoterice musí každý udělat všechno sám, aby se možná někdy později mohl stát vědcem či mudrcem.

Zda je tento cíl hoden takového úsilí, tím se budeme později ještě zabývat. Na tomto místě chci jenom nastínit, o čem mluvím, když používám termín ezoterika. V této souvislosti by mělo být také jasně řečeno, že ezoterika a parapsychologie nikdy nemohou být synonyma. Parapsychologie je odnoží vědy a uvažuje funkcionálně, tj. sbírá, měří a třídí. Taková činnost znamená plné kartotéky, nikoli však vývoj. Proto se zcela vědomě snažím ozřejmit naše téma reinkarnace z hlediska ezoteriky a učinit je tak „samozřejmým", neboť soudím, že vzhledem k vysokému vědeckému a technickému rozvoji naší doby musíme mnohem víc dohánět „duševní" rozvoj, abychom mohli žít ve vnitřní i vnější harmonii.

V ezoterice vždy byla reinkarnace nespornou samozřejmostí. Tajná nauka od dávných dob znala určitá cvičení a exercície, jejichž pomocí bylo možné po dlouhém a pilném tréninku dosáhnout ve vzpomínkách vědomého návratu do minulosti. V ezoterickém buddhismu existuje vývojový stupeň, jehož může člověk dosáhnout jen tehdy, jestliže vědomě získá přehled o všech svých inkarnacích. Něco podobného je známo v magických instruktážích pod pojmem „magická paměť". Aleister Crowley píše ve svém díle *Magie jako filozofie pro všechny, kniha 4, teorie* o magické paměti: „Neexistuje důležitější úkol než zkoumání našich dřívějších vtělení." A v souvislosti s různými technikami píše: „Ale obvyklé cvičení dharana přináší větší všeobecný užitek. Jakmile zabráníme vystupování snadněji přístupných myšlenek, narazíme na hlouběji ležící vrstvy. Ožijí vzpomínky na dětství. Ještě hlouběji leží třída myšlenek, jejichž zdroj nás uvede do rozpaků. Některé z nich mají očividně původ v dřívějších vtěleních. Jestliže tyto oblasti mysli pěstujeme, můžeme je rozvíjet, získáme zručnost, dokážeme vyvodit souvislosti z prvků původně nesouvislých a tato schopnost roste s udivující rychlostí, jakmile jednou ovládneme trik tohoto přístupu."

Vidíme, že vzpomínky na dřívější inkarnace nejsou celkem nic nového, nové je v nejlepším případě to, co Crowley nazývá „trikem", totiž metoda, která pomáhá někomu jinému dosáhnout těchto vzpomínek bez dlouholetých cvičení a mediatcí. Tato metoda funguje tak rychle a bezproblémově, že jsem si vážně připouštěl myšlenku, zda si vůbec mohu zodpovědět, že pomocí vytříbené funkční techniky katapultuji nějakého člověka do takového stavu vědomí, o který se sám nijak nezasloužil. Proti této pochybě hovoří ovšem ezoterický princip, že neexistuje žádná náhoda. Proto nepovažuji za náhodné, jestliže z miliard současníků jich několik najde cestu k těm, kteří jim tento vzpomínkový návrat umožní. Působení procesu uvědomění závisí z největší části na zpracování materiálu získaného za dne a každý musí tuto práci podstoupit sám. Zákon polarity dovoluje i zde sledovat nové vzpomínky tak málo, že pomalu a bez účinku upadnou v zapomnění. A i zde se rovněž ukazuje, že pouhou funkcionalitou nelze mnoho dosáhnout, chybí-li člověk usilující o porozumění. Proč tato magická paměť či reinkarnační vzpomínky jsou pro ezoterické vzdělání tak důležité, bude pochopitelnější, prozkoumáme-li teorii reinkarnace trochu důkladněji.

Reinkarnace je zákonem periodicity. Pozorujeme-li přírodu, prožíváme všude rytmus vznikání a zanikání, rozkvětu a uvadání, dne a noci, léta a zimy, života a smrti. Ve veškeré přírodě neexistuje žádný jev se začátkem a koncem, aniž by konec nebyl současně začátkem něčeho nového, jeho protipólem. Ani uvnitř jevových forem není nic, co by nemělo svůj protipól. Je to právě střídání těchto dvou polarit, co vytváří „životnost" v nejširším smyslu. Nějaký proces, který má pouze začátek a konec, by se vůbec nedal zařadit do celku, jaký představuje náš vesmír. Jak by mohlo vzniknout spojení s okolím, kdyby nějaká věc byla z obou stran uzavřena a nenesla v sobě rytmus vývoje? Teprve cyklickým děním vzniká návaznost na celek, z polarity se stává jednota, která zahrnuje oba póly.

Toto cyklické dění vidíme všude v přírodě i v technice, ať už je to přírodní cyklus roku, mořský příliv a odliv, periodický systém prvků či sinusoida v elektřině. Vždy se objevuje tvar kruhu, nebo – bereme-li v potaz i vývoj – tvar spirály jako princip všeho živého. Se zřetelem na tuto nepopiratelnou skutečnost se mi zdá velmi troufalé považovat právě člověka za výjimku z této zákonitosti, soudíme-li, že lidská existence spočívá pouze v tom, že jsme bez nějakého předtím a nějakého potom vrženi do tohoto rytmického dění.

Taková myšlenka není ani logická, ani přijatelná, ale v jednom směru je velmi praktická: zbavuje nás odpovědnosti. Neboť jestliže mimo tento krátký úsek mezi životem a smrtí nic není, můžeme v této době klidně dělat i nedělat, co chceme, hlavní věc, že nějak dospějeme k životnímu konci s heslem: „Po mně potopa!"

Je pochopitelné, že mnozí se rozčilují a zlobí, mluví-li se o reinkarnaci, neboť najednou vzniká dvojí zodpovědnost; je tu předtím a potom, které dává tomu „teď" docela nové zabarvení. Těmito myšlenkami jsou náhle odříznuty ústupové cesty, protože kam můžeme utéct, potkáme-li vždy jen sami sebe. Znamená to šok pro všechny, jimž se zdá sebevražda či dobrovolný odchod ze života – řečeno vznešeněji – poslední jistotou jejich jednání. Polarita je i zde: eliminujeme-li odpovědnost, zmizí současně ze života i záruka jeho smyslu.

Sotva nějaká jiná otázka zasáhne většinu lidí tak trapně jako: „V čem vidíte smysl vašeho života?" Tazatel dostane nejprve několik rozpačitých frází o štěstí, spokojenosti, rodině, dětech, případně ještě o píli, lásce k bližnímu a podobně. Není-li s tím spokojen a vrtá trochu hlouběji, narazí na prázdnotu, na ono prázdno, které nutně musí být základem takového života, který nechce nic slyšet o vazbě a odpovědnosti k vesmíru. Tušíme tu úzký vztah mezi krizí nějakého člověka, která většinou vede k pěstování neurózy, a krizí myšlenkového systému, který se pokouší osvobodit člověka v rámci funkcionality. Vidíme tedy alternativu: život se smyslem a odpovědností, nebo život bez obého.

Vím, že otázka po smyslu života zní v dnešní době poněkud staromódně, připomíná „svět vykoupení" a ruší všechny ty, kteří by chtěli učinit principem světa nespokojenost, konflikty a neřešitelné problémy. Pro tyto lidi nesmí existovat nic „vykupitelného". Jen hlupáci a prosťáčci vidí ještě něco takového, chce-li však být člověk považován za intelektuála, musí žít život beze smyslu. Vzhledem k tomuto zjednodušování se mi zdá mnohdy lepší patřit k prosťáčkům, než přebírat profesionální pesimismus.

Ptáme-li se, proč mnozí lidé tak silně nenávidí svět vykoupení, případně myšlenkové systémy zdůrazňující smysluplnost života, nemohu se zbavit domněnky, že se jen zoufale pokoušejí zakrýt vlastní zoufalství a prázdnotu. Nechceme-li se tedy nechat rušit těmi, kteří nás soucitně sledují vědoucím pohledem a blahosklonně dodávají, že „to všechno příliš zavání snahou splácat si po svém nějaký model spásného světa, než aby se to mohlo brát vážně."

Předpokládáme-li rozhodnutí, že k životu patří právě tak odpovědnost jako smysluplnost, naskýtá se otázka, jak je obojí realizovatelné v životě mezi narozením a smrtí. I nejvážnější rozhodnutí žít odpovědně vyvolává otázku po vztažném bodu. Odpovědnost vůči komu nebo čemu? Člověk potřebuje nějaký hodnotový systém, avšak hodnotová měřítka mají různou velikost.

Ještě těžší se stává hledání smyslu. Kde leží smysl lidského života, který skončí třeba ve dvaceti letech? Kde pro slepce nebo mrzáka, pro chudáka či boháče? Odpověď se nazývá osud, aniž by někdo dokázal odpovědět, kde leží smysl osudu.

Při všech takových otázkách se točíme v kruhu, a to i tehdy, přijmeme-li oficiální verzi křesťanské církve. Jednoduchý systém trestu a spásy totiž neodpovídá na to, proč určití lidé nesou určité osudy a proč jsou ty osudy tak různé, proč jsou „nové duše" neustále vystaveny tělesnému životu, aby pak byly vykoupeny, nebo proklety. Tento model není o nic smysluplnější než ten materialistický, jenom je kvůli strachu z trestu posílen aspekt odpovědnosti.

Vrátíme-li se k modelu reinkarnace, uvidíme, že všechny otevřené otázky nabízejí odpověď a vytvářejí smysluplný celek. Zdá se mi důležité, že nezávisle na jakékoli funkcionální argumentaci pochopíme značnou pravděpodobnost reinkarnace. Bylo by nanejvýš divné, kdyby se dalo prokázat, že žádné znovuzrození neexistuje. Mnozí lidé svérázným způsobem nazírají tuto záležitost obráceně a považují reinkarnaci za nanejvýš nepravděpodobnou, přičemž soudí, že k jejímu prokázání je nutno zvolit mimořádně přísná měřítka. Tito lidé zaměňují nepravděpodobnost za nezvyklost. Jestliže budeme dost dlouho věřit, že atom je nedělitelný, pak je opačné tvrzení nezvyklé, v žádném případě však není nepravděpodobné.

Zkušenost ukazuje, že všechno, co můžeme pozorovat, se vyvíjí a je pochopitelné z evolučního hlediska. Nepoužívám termín evoluce v darwinovském smyslu jako stupňovitý vývoj závislý na náhodě a šancích k přežití. Evoluce v mé teorii je právě opakem náhody, je zákonitostí, plánovaným vyšším vývojem. Žádná náhoda neexistuje. Žijeme v kosmu, což doslova přeloženo znamená „uspořádání". Tento kosmos je závislý na tom, že všechno probíhá zákonitě, každá odchylka je narušením celistvosti, a proto nebezpečím pro celek. Kosmos s hřištěm pro nahodilost je protimluvem.

Celá přírodověda se na tuto zákonitost spoléhá. Nikdo vážně nepočítá s tím, že kámen, který necháme padat, se náhle bude vznášet k nebi, nebo že Měsíc opustí svou dráhu a zmizí směrem k Saturnu jen proto, že na to dostal chuť. Jenom člověku přísluší svoboda dělat či nedělat, co chce. Ovšem i ten je podřízen této zákonitosti. Vždyť už jen kalkulování s pravděpodobností dokazuje, že nad takzvanou náhodou stojí zákon, neboť všechny nahodilosti se za jistý čas vyrovnávají. Musíme se rozhodnout, zda uznáme kosmos se zákonitostí, nebo chaos s náhodou. V žádném případě neexistuje míchanice obojího, nějaký kosmos s náhodou. Protože na základě našeho pozorování a našich zkušeností máme všechny důvody věřit v kosmos, musíme jako důsledek s definitivní platností škrtnout z našeho myšlení náhodu. Pak ovšem nemůže existovat žádný náhodný vývoj vyvolaný několika mutacemi genů, které díky náhodnému nahromadění vytvořily časem z bílkovinové molekuly člověka.

Evoluce v našem smyslu je záměrný stoupající vývoj, zákon, který platí v celém vesmíru a zahrnuje veškeré tvoření. Člověk jako díl tohoto celku, jako kolečko v nepředstavitelném hodinovém stroji, musí se tímto zákonem vývoje řídit, neboť celek se může rozvíjet jen tehdy, jestliže se v něm rozvíjejí všechny části. Úkolem člověka je proto rozvoj, a nic jiného! Rozvoj však neprobíhá sám od sebe, nýbrž je produktem energetické výměny, produktem procesu učení. Abychom se mohli učit, potřebujeme problém, k jehož řešení se blížíme metodou pokusu a omylu. Učíme se teprve řešením problému a teprve učením se rozvíjíme. Osud je souhrnným pojmem pro všechny ty četné problémy, které se člověku v průběhu jeho života stavějí do cesty, aby mu poskytly nezbytnou látku pro jeho rozvoj. Problémy jsou úlohami, na nichž se má učit. Problémy nejsou ničím negativním, jak se mnozí mylně domnívají, ale podporou vlastního vývoje, zdokonalení, evoluce.

Na základě zákona polarity má pak člověk dvě možnosti učení, a to aktivní, nebo pasivní. Aktivní tu znamená jít každému problému přátelsky vstříc a chápat jej jako výzvu k učení, aby mohl v osobním životě postoupit o krůček výš. Tento uvědomělý učební proces bohužel vyhledává jen menšina lidí. Mnohem častěji se lidé pokoušejí uhnout problému z cesty, utéci mu, potlačit jej. V takovém případě je postižený v důsledku neuvědomělého postoje vmanipulován do situace, v níž se pasivně učí to, čím se měl zabývat aktivně.

Toto pasivní učení je vždy spojeno s utrpením. Této situaci se říká „osudová rána“, „nemoc“, „nehoda“. Člověk hubuje a cítí se v neprávu. Vším je vinna náhoda. Neexistují vnější viníci, ani lidé, okolí, osud či Bůh. Vinen je vždy jen sám trpící, neboť měl volbu – ovšem žádnou svobodnou vůli, jak se často tvrdí: volbu mezi aktivním a pasivním učením. Protože „neučit se“ zákon nepřipouští, to by byla stagnace a škodila by celkovému rozvoji. Proslavená „svobodná vůle“ se omezuje na „svobodnou volbu“, která vždy vede k procesu učení, ke krůčku rozvoje. Svobodná vůle by připouštěla nejrůznější události a to protiřečí zákonitostem kosmu. Naproti tomu „volba“ je produktem zákona polarity a neohrožuje zákonitý vývoj.

Osud je vše jiné, jenom ne jakási anonymní, nevypočitatelná moc, která člověka ohrožuje svou nahodilostí a libovůlí. Osud je cosi nanejvýš osobního, je to rezultát vlastního jednání, je to zákonitý pomocný prostředek evoluce. Tato pravda je nepohodlná pro všechny, kdož si navykli vinu za svůj osud projikovat navenek a odsouvat zodpovědnost. Tito lidé reagují na ezoteriku proto tak silně a emocionálně, protože ohrožuje jejich životní lež. Leč právě pro ně je pravda nejnutnější, aby se mohli ze svého omylu sami osvobodit. Očekávají a žádají pomoc vždy zvenku, od ostatních. Tato naděje je absurdní. Ostatní, i sami lékaři a terapeuti, mohou poskytnout jen funkční pomoc, avšak tato pomoc neřeší žádné problémy. Neboť všichni, kteří volají o pomoc, trpí nakonec tím, že své problémy neřešili, že se nechtěli učit. Kteří z kolemstojících by jim mohli pomoci? Je to nemožné právě tak jako požadavek, aby někdo jiný za mne musel jíst nebo jít na toaletu. Jsou určité věci, které musíme udělat sami, a v první řadě k nim patří rozvoj.

Tento model individuální evoluce se nedá použít na jediného člověka, který vlastní pouze jediný tělesný život, neboť výchozí rovina, předpoklad a podmínky každého života jsou příliš rozdílné. Oddělíme-li člověkovu individualitu, totiž jeho vědomí, od materiálních jevových forem, zjistíme, že toto „já" pomocí řetězu znovuvtělení stoupá a rozvíjí se vstříc svému cíli, dokonalosti.

Tím se vyjevují osudové rozdíly člověka, neboť každý se ve svém současném životě nalézá na zcela určitém stupni svého vývoje a potřebuje k dalším krokům zcela určité problémy a zkušenosti. Osud tohoto života je proto výslednicí dosavadního „řetězu životů", je výsledkem toho, co se člověk dosud naučil i nenaučil. Každého v tomto čase potkávají problémy, které v minulosti vědomým učením nezvládl, a i v budoucnosti bude s tímtéž problémem konfrontován, dokud jej pro sebe nevyřeší.

Tato zákonitost je známa pod indickým pojmem „karma". Karma naznačuje, že musíme nějaký problém prožívat tak dlouho, dokud ho nepochopíme. Tento zákon je nezávislý na čase. Kosmu jde o naplnění zákonitosti, přičemž je zcela nepodstatné, zda jedinec bude pro určitý učební proces potřebovat třicet, nebo tři tisíce let, protože časové souřadnice existují jen v našem vědomí, nikoli ve skutečnosti.

Tato myšlenka je pro mnoho lidí těžko pochopitelná. Naše myšlení je tak těsně spojeno s naším časovým měřítkem, že zapomínáme, jak je toto měřítko „lidské" a že je nelze v žádném případě povýšit na absolutní postulát. Každý systém, každý druh živé bytosti má „svůj čas". Čas je něco relativního.

Známe to ze svých snů. Dokážeme v časovém rozpětí několika vteřin prožít sen, jehož dění se rozprostírá na léta. Naše časové měřítko platí pouze pro člověka a jen po dobu našeho denního vědomí. Jepice žije právě tak dlouho jako člověk, který se dožije osmdesáti let, pouze žije v jiné časové relaci. Skutečnost žádný čas nezná, to jen my lidé a jiné živé bytosti jsme nuceni prožívat realitu v časovém průběhu.

Uvedu příklad k názornému pochopení tohoto procesu. V Mnichově je dejme tomu velké muzeum, které má třicet sálů. Ředitel tohoto muzea zná všech třicet sálů téměř nazpaměť, právě tak hlídači a značný počet nejpilnějších návštěvníků. Ti všichni dávno vědí, jak každý sál vypadá, jak je zařízen a co je v něm umístěno. A teď předpokládejme, že já toto muzeum do dnešního dne nenavštívil, ale rozhodl se podívat se do něj zítra v deset hodin. Když při této prohlídce přijdu v 10 hodin 30 minut do sálu číslo 3, znám sice tři sály, ale nevím, co je k vidění v těch ostatních sedmadvaceti. Budu to vědět teprve tehdy, až se dostanu i do nich. To je však možné jen v rámci časových souřadnic. Uplyne určitý čas, než si prohlédnu sál 28. Z této situace nemohu ovšem soudit, že ve chvíli, kdy se zdržuji v sále 3, sály 4 až 30 neexistují a vzniknou teprve tehdy, až do nich vstoupím. Celé moje osobní poznávání těchto sálů je závislé na čase, bez jeho ztráty je nemohu poznat. Mohu eventuálně v sále 3 prolistovat muzejní katalog a udělat si obraz o dalších sálech, tato informace však nemůže nahradit moji přítomnost v nich.

Použijeme-li toto přirovnání na náš život, bude pojem času jasný. Skutečnost existuje nezávisle na průběhu času podobně jako naše muzeum. Člověk však může tuto skutečnost nahlédnout a prožít jedině podle nějaké časové souřadnice. Z toho ovšem nemůže usuzovat, že to, co právě vnímá a prožívá, vzniká teprve v tomto okamžiku. Skutečnost je věčná a všudypřítomná. Tak ji však nemůžeme vnímat. Je jako tlustá kniha, kterou držíme v ruce, jejíž obsah jsme však dosud nečetli. Chceme-li se s ním seznámit, musíme začít na straně 1 a číst stránku po stránce. Přitom plyne čas. Přesto obsah knihy existuje od začátku, nezávisle na čase, který k přečtení potřebujeme. Právě tak nezávisle na čase existuje již i příští rok se všemi svými událostmi, musíme však počkat, až je budeme moci sledovat a vnímat.

Kdo tuto souvislost pochopí, pochopí též, jak se uskutečňuje jasnovidectví a předvídání. Předvídání takzvané budoucí události odpovídá v našem příkladu s muzeem předběžnému listování v katalogu, abychom obdrželi informaci o tom, co jsme ještě neprožili. Nahlížet obrazy budoucnosti, čemuž říkáme praekognice, někteří lidé dokáží spontánně, je však právě tak dobře možné se to naučit a experimentálně vyvolat. Tento pohled do budoucnosti je však vždy jen nahlédnutím a nenahrazuje prožitek. I když dnes velmi přesně víme, co se stane zítra, můžeme tento zítřek prožít teprve další den. Všichni ti, kteří si však od „pohledu do budoucnosti" slibují zvláštní osobní prospěch (jmenujme především možnost uhádnout čísla v loterii), princip času dosud nepochopili.

Předvídání budoucnosti je možné proto, že budoucí dění ve skutečnosti už *je*, a ne teprve *bude*, jak si představujeme. To vylučuje osobní řízení a ovlivňování této budoucnosti. Většina lidí to nemůže pochopit, neboť jsou velmi hrdi na svou aktivitu, o níž věří, že díky jí utvářejí svou budoucnost. Slovo věří musíme zdůraznit. Spinoza řekl: „Kdyby měl vržený kámen vědomí, věřil by, že letí, protože chce!"

Člověk má jen jednu svobodu, totiž věřit, že je svobodný. Všechno ostatní se děje zákonitě. *Ono se něco stane*, a člověk o tom prohlásí: „Já jsem udělal." Co ovšem člověku zůstává, je volba. Protože se mu skutečnost zjevuje polárně, nabízí mu polarita i možnost volby. Může volit, jak zákonitost naplní, ale naplnit ji musí vždycky. Tato myšlenka determinace se zdá mnohým nesnesitelná, mají pro ni nadávku „fatalismus". Tato reakce ukazuje, že determinismu neporozuměli. Determinismus nemusí vést k rezignaci, ale naopak k plnému osvobození ze strachu a ke smysluplnosti života, ba přímo ke svobodě. Tato svoboda je kvintesencí následujících čtyř kroků:

1. úplné sebepoznání,
2. úplné poznání zákonů,
3. uznání zákonitosti jako nutné a dobré,
4. dobrovolné podřízení zákonitosti.

Udělá-li někdo tyto čtyři kroky, dojde k paradoxu: bude svobodný! Tato svoboda je však něco docela jiného než to, co si ten, kdo po ní touží, klamně představuje. Takový člověk se svým chováním, založeným na iluzi svobodného jednání, neustále vystavuje do protikladu k existujícímu, ale jím nepoznanému zákonu.

Podobá se tomu, kdo se pokouší o něco nemožného, protože neví, že je to nemožné. Většinou vznikne nutná diskrepance mezi chováním a skutečností. Protože pak skutečnost musí korigovat chybné jednání, aby sama sebe zachovala, vzniká utrpení. Neboť utrpení je výsledkem nevědomosti.

Kdo však sám sebe pozná, své vlohy, své úkoly, svou nezbytnost a svůj vývojový stupeň, kdo nadto pozná i kosmické zákony, uzná je a dobrovolně se jim podřídí, žije se skutečností v harmonii. Nedopustí žádné třenice, žádný rozdíl mezi tím, co má být, a tím, co chce. Křesťanství vyjadřuje tento proces slovy: „Buď vůle Tvá." Teprve takový člověk je v pravém smyslu svobodný, zbavený nepříjemností, vznikajících jenom z rozporu mezi zákonem a vlastním chtěním. Křesťanství nazývá tento rozpor „hříchem", odloučením od skutečnosti. Mluví o tom Aleister Crowley ve svém díle *Magie, kniha 4*, když říká: „Nejlepší přísahou... je přísaha svaté poslušnosti; neboť vede nejen k dokonalé svobodě, ale je i školou oddanosti, jež je posledním úkolem."

Vidíme, že teprve tehdy, až se vzdáme iluze svobody, otevře se cesta, která k ní vede. Zní to paradoxně, ovšem každá pravda musí být paradoxní, neboť v sobě zahrnuje polaritu. Svobodná vůle není ničím jiným než „úsilím o splynutí naší časově omezené vůle s nezměnitelnou vůlí neboli s nejvyšším zákonem – s morálním zákonem nade mnou – ve mně" (Adler). Chceme-li tohoto splynutí dosáhnout, musíme se utkat se svým osudem, musíme se učit a zrát, uvědomit si sami sebe. K tomu, abychom se to vše naučili, existuje škola, a to „škola života".

Život nemůžeme ovšem ztotožňovat jen s určitou tělesnou existencí, je tím míněno kontinuum, které se rytmicky uskutečňuje s tělem i bez něho. Tuto analogii mezi životem a školou využijeme i dále, abychom zvýraznili model reinkarnace.

Představme si nějakou školu s mnoha třídami, pevným učebním plánem a přesně definovaným vzdělávacím cílem. Škola odpovídá přírodní říši člověka, jednotlivé třídy vývojovým stadiím jeho duše, učební látka osudu a vzdělávací cíl lidské dokonalosti. Pojem dokonalosti může někoho iritovat a zdát se mu hybridní. Dokonalost se tu vztahuje výlučně na lidskou říši. Ta je rovinou, jednou vrstvou v enormní říši všech živých bytostí, nejen lidí. Dokonalost se týká jen oné vrstvy, k níž momentálně nějaká živá bytost patří. Lidským cílem je stát se dokonalým člověkem. Kdo v tom vidí nějakou troufalost či přímo rouhání se Bohu, nechť si vyhledá Kristova slova v kázání na hoře (Matouš 5,48): „Buďte tedy dokonalí, jako je dokonalý váš nebeský Otec."

Tato dokonalost je vzdělávacím cílem naší „školy života". Kdo se začíná učit, bývá velmi daleko od konečného cíle. Chce-li jej dosáhnout, nezbývá mu nic jiného než začít v nejnižší třídě. Existují úlohy, které musí žák řešit. Řeší je, jak nejlépe umí; dělá-li chyby, dostává k onomu tématu či problému tak dlouho další úkoly, až stávající učební princip pochopí. Teprve pak může postoupit o krok dál.

Analogie s člověkem je jasná. Pokouší se zvládnout své problémy a tak dlouho jsou mu předkládány další, až pochopí určitý princip kosmu. Zvládne-li to, objeví se okamžitě další problém, další krok.

Ve škole pak existuje čas od času větší zkouška. Žák se znovu pokouší o svůj nejlepší výkon, něco udělá správně, ale něco také špatně. Odevzdá svou práci a opustí třídu. Na chodbě mu pak předají list se správným řešením. Ihned vidí, co udělal dobře, a co špatně. To mu však již nepomůže. Může se zlobit, může si přát s nynějším věděním napsat práci znovu, ale momentálně si s tím nic nepočne, je po zkoušce. Musí čekat na další, při níž bude moci tyto vědomosti použít – předpokládáme-li, že je do té doby nezapomene.

Tato situace, každému dobře známá, je životem člověka ve smyslu hmotného ztělesnění. Pokouší se řešit problémy. Opuštění třídy by znamenalo smrt – a tu se stane skutečně něco jedinečného.

Poté, co vědomí opustí tělo, octne se člověk (teď už bez těla) tváří v tvář absolutnu a náhle poznává chyby svého života. Ocitá se v novém hodnotém systému, který představuje „model skutečnosti“ mimo náš obvyklý princip polarity, a v němž je každé vybočení ihned patrné. Mohli bychom tento postup srovnat s šablonou, kterou přiložíme na život, abychom jedním rázem poznali správné a špatné odpovědi.

Vztáhneme-li ovšem pojmy jako „správný“ a „špatný“ či „dobrý“ a „zlý“ jako hodnotící soudy na lidský život, vynoří se otázka po vztažném systému. My lidé pracujeme většinou s hodnotovými pojmy, které se vztahují k určitému morálnímu systému. Příroda hodnocení v tomto smyslu nezná. Neexistuje nic „dobrého“ či „zlého“, neboť dobré a zlé, vezmeme-li tyto pojmy jako příklad, jsou jen polárními aspekty jedné a téže skutečnosti. Ptáme-li se tedy po referenčním systému, na jehož základě člověk po smrti pozná chyby svého života, můžeme tuto polaritu v nejlepším případě opsat jako „zákonitou“ a „nezákonitou“. Jestliže je v nějakém počítači vadný tranzistor, vyměníme ho nikoli proto, že je zlý a chceme jej potrestat, ale proto, že narušuje zákonité fungování celku. Podobně pracuje příroda. Nesoudí, neodměňuje ani netrestá, stará se jen o to, aby vývoj nerušeně pokračoval.

Je proto nasnadě, že následky lidského chování se různí podle toho, zda žijeme v souladu, nebo v rozporu se zákonitostí. Rozdílné následky pociťujeme jako odměnu, či trest, ale tento pocit je čistě vnitřním lidským jevem.

Žít správně znamená žít zákonitě. Nejde proto o odvržení nějaké teorie, aby byla podpořena jistá víra či filozofie. Uvádím tu výsledek velké řady experimentů, při nichž pokusné osoby líčily tytéž dojmy a souvislosti, ačkoli zastávaly opravdu rozdílné světové názory a neměly tušení o výpovědích jiných pokusných osob. Je nápadné, že mnoho výpovědí, které byly učiněny během sezení, zváště těch, které se týkaly posmrtných zkušeností, obsahovalo silnou náboženskou tematiku, případně upomínalo na náboženská přikázání. Je to nápadné tím spíše, že se tak dělo stejně u vyložených ateistů jako u nábožensky orientovaných osob. Líčení pokusných osob v hypnóze bylo velmi podobné, ačkoli populace pokusných osob představuje směsici různého vzdělání, stáří a různých světových názorů. Z toho můžeme usoudit, že se různá náboženství pokoušela zprostředkovat člověku základní model skutečnosti svou terminologií a nabídnout mu jej jako pomoc ve formě přikázání.

Pokud člověk během svého pozemského života věří, či nevěří, a na tato přikázání tu a tam naráží, nejpozději po své smrti stane skutečnosti tváří v tvář a dozví se, co měl, či neměl dělat, aby vyhověl zákonu světa. V tomto stadiu neexistuje ani víra, ani pochyby, ale pouze samozřejmé uznání skutečnosti. V tomto posmrtném stavu nedochází k žádnému citovému hodnocení. Jedinec našel odstup ke svému pozemskému jednání.

Tento postup nyní umožňuje vidět pozemské záležitosti vcelku, aniž bychom se upnuli k jednomu pólu. Dokud provádíme hodnocení, jsme stále jednostranně fixováni a nemůžeme vidět celek. Odloučením od těla se člověk zároveň zbaví svázanosti s časem a přehlédne svůj život. A s poznáním své nedostatečnosti pozná současně nezbytnost se dále učit. A to může opět jedině v nějakém pozemském životě s tělem. Pochopí, že musí opět na zemi, do nějaké tělesné existence.

Je to skutečně pociťováno jako povinnost, a nikoli, jak si snad myslíme, jako nějaká milost. Může překvapit, že všechny pokusné osoby bez výjimky byly v posmrtném stavu tak šťastné a spokojené, že si žádná nepřála vstoupit znovu do tělesné existence, nýbrž každá s nechutí udávala, že bude „bohužel" muset kvůli dalšímu rozvoji prožít ještě jeden život. Je ironií, že většina lidí na zemi vší silou lpí na své existenci, zatímco všichni ti, kteří stojí na druhé straně života, pociťují stejný strach ze své nové tělesné existence.

Žijící palčivě zajímá, jak asi „druhý břeh", „onen svět" či „říše mrtvých" vypadají. Onen svět je protipólem tohoto světa, je to ono druhé, protikladné, co tento svět doplňuje. Obojí tvoří dohromady jednotu. Jedno bez druhého by neexistovalo. Tento svět a onen svět jsou dva aspekty jedné a téže skutečnosti. Protože tvoří jednotu, nerozlišují se podle hodnotové škály, jsou však rozdílnými místy jedné hierarchie. Kdo pobývá na onom světě, není ani vyšší, ani nižší než někdo zde na zemi. Zemřít je právě tak málo pokrokem jako vrátit se. Smrt je jen přeřazením do jiné polarity.

Lidová mluva nazývá spánek bratříčkem smrti. Toto srovnání vystihuje souvislost velmi přesně. Bdění a spaní vytváří o něco menší, ale tentýž rytmus jako život a smrt (vlastně bychom měli říci: život s tělem, a bez těla). Víme, že spánek spolu s funkcí snu znamená životně důležitý proces. Člověk může bdít po určitou dobu, potom však musí přejít k pólu spaní. Kdybychom člověku odňali toto rytmické střídání, nastala by fyzická smrt. Spánek a sen splňují důležitou funkci při vyrovnávání denních prožitků.

Stejný proces nacházíme při rytmickém střídání života a smrti. Posmrtný stav se podobá snu, je zpracováním životní fáze. Teprve přehlédnutím života a konfrontací s rastrem skutečnosti lze umožnit další vývoj člověka a zabránit beznadějnému zabřednutí do omylu. Právě na těchto paralelních procesech, jakými jsou bdění a spaní, život a smrt, se nadmíru jasně ukazuje, jak je myšlenka reinkarnace smysluplná a logická, a to i tehdy, odhlédneme-li od experimentálního důkazu.

Je na pováženou, jestliže nějaká kultura přestala vidět zákonité souvislosti a synonymní procesy do té míry, že pro ty nejjednodušší a přirozené souvislosti potřebuje funkční „důkaz“. Všude ve světě nacházíme tytéž zákony – rozdílné jen co do velikosti. Rozpoznání tohoto principu na různých rovinách představuje sílu hermetické filozofie: „To, co je dole, je i to, co je nahoře,“ nebo jak to vidí Paracelsus: makrokosmos odpovídá mikrokosmu.

Tento celistvý pohled se bohužel vinou vědecké specializace stále více ztrácí. Mnozí raději věří statistice, místo aby se odvážili otevřít oči, aby viděli a rozuměli. Z matematiky a techniky známe takzvanou sinusoidu. Je to grafický model všech jevů, jak cyklicky ve skutečnosti probíhají. Odráží přírodní zákon. Tato křivka je i modelem reinkarnace. Každý průsečík mezi křivkou a přímkou označující nulu je bodem obratu k opačnému pólu. V našem případě odpovídají průsečíky početí a smrti, vstupu do hmoty a výstupu z tělesnosti.

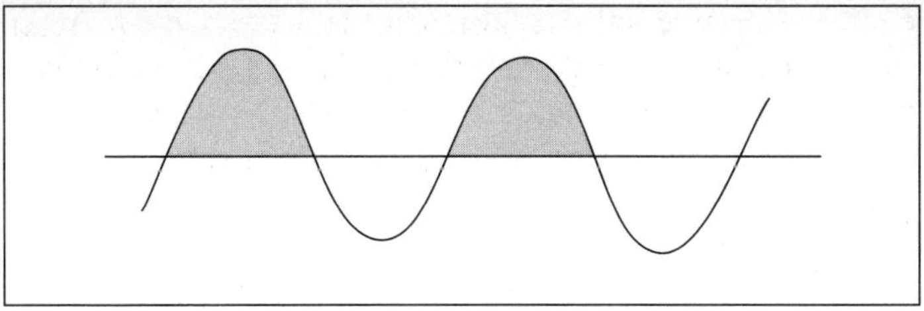

Na tomto místě se vynořuje otázka po časovém určení těchto průsečíků. Hovořili jsme už o relativitě a subjektivitě času. Každý systém ve vesmíru má svůj čas. Zvíře žije v jiném časovém průběhu než člověk. I u člověka se s jeho stárnutím mění cítění času. Jestliže pro dítě jeden rok znamená nekonečně dlouhý časový úsek, pro dospělého se smršťuje tím víc, čím je starší. (Teprve ve vysokém stáří se tento pocit opět přepóluje.)

Podíváme-li se na jiné živočichy, je rozdíl v prožívání času ještě výraznější. Jepice, jak jsme už řekli, žije právě tak dlouho jako nějaký osmdesátiletý člověk, neboť nežije v našem, ale v jiném časovém systému. Tuto subjektivitu našeho časového pojmu musíme mít na paměti, ptáme-li se na časové rozměry reinkarnačního dění. Můžeme porovnávat jednotlivé úseky jen naším časovým měřítkem, ačkoli pro netělesný životní úsek neplatí. Po smrti neexistuje žádné cítění času v našem smyslu. Nejvíce se tomu blíží srovnání s cítěním času během spánku. Bez vnější orientace nemůžeme po procitnutí zjistit, jak dlouho jsme spali. Tento jev se objevuje i při hypnóze.

Mluvíme-li o čase, míníme tím obvykle „trvání". Mnohem méně sledujeme jiný časový aspekt, totiž jeho obsahovou kvalitu. Sama časová kvalita je proto mimořádně zajímavá, protože se zdá, že spojuje rozdílné časové systémy. Každý časový bod obsahuje určitou kvalitu, můžeme k němu přiřadit jen takové události, které odpovídají a jsou adekvátní jeho obsahové kvalitě. O této časové kvalitě vědí všechny dávné mantické systémy jako astrologie, I-ťing aj. Horoskop nezobrazuje koneckonců nic jiného než časovou kvalitu určitého časového bodu. (O astrologii a horoskopu pojednává podrobněji moje kniha *Znovuzrození*, PRAGMA, 1997.)

Je to tato časová kvalita, která určuje body: početí, narození a smrt. K lepšímu pochopení pár slov o zákonu obsahu a formy. Každý člověk vkládá svými myšlenkami a činy do světa obsahy, které musí jejich prožitím formálně naplnit. Je to jiná formulace pro to, co jsem dříve nazval odpovědností. Obsah a forma tvoří dohromady uzavřený učební cyklus. Osud je formální dění jako výraz vložených obsahů. Tím člověk během svého života stále naplňuje své vlastní obsahy. Přijde-li smrt, zůstane jisté množství obsahů nenaplněno, vyjde najevo jistá suma zbylých položek: neuzavřených učebních cyklů, dosud nepochopených skutečností.

Tento učební deficit, který si člověk bere s sebou do posmrtného stavu, je tím, co určuje osudový průběh dalšího života. Představme si, že při uzavření nějakého pozemského života se udělá stejná bilance jako u nějaké firmy na konci roku. Budeme-li nahlížet na konečný výsledek této bilance jako na jistý druh číselného kódu, zůstane duše v posmrtném stavu tak dlouho, dokud nenastane časový bod obsahující kvalitu, jaká odpovídá kvalitě onoho číselného kódu. Jestliže se k sobě časová kvalita a duševní obsah hodí, způsobí tato afinita nové spojení s hmotou a nastane to, co nazýváme početím.

Tyto meziprostory mezi jednotlivými inkarnacemi mohou mít, měřeno naším časovým systémem, velmi rozdílnou délku. Podle mé experimentální zkušenosti kolísají mezi několika staletími a desetiletími. Jedno staré ezoterické tvrzení říká, že zralost nějaké duše koreluje s trváním mezistadia. Čím je duše nezralejší, tím rychleji najde další inkarnaci. Nemohl jsem dosud experimentálně ověřit platnost tohoto pravidla, mělo by však být zřejmé. Lze si proto dobře představit, že velká diskrepance mezi prožívaným životem a modelem skutečnosti způsobuje zvlášť silnou nezbytnost nového ztělesnění.

Mohu však potvrdit jiné tvrzení, které říká, že meziprostory jsou dnes značně kratší. Skutečně se ukazuje, že čím dále se s pokusnou osobou vracím, tím jsou tyto meziprostory delší. Ve spojení s první hypotézou to zní nelogicky, neboť bychom měli s pokračujícím zráním duší očekávat delší meziprostory právě dnes, takže tato otázka musí zůstat ještě otevřena.

Toto téma nás přivádí k jednomu argumentu, který je proti reinkarnaci nejčastěji používán: znovuzrození je vzhledem k růstu obyvatelstva nesmyslné. Mně se však exploze obyvatelstva v žádném případě nezdá být pádným protiargumentem. Zkracováním či prodlužováním časové mezery mezi inkarnacemi se dá počet obyvatelstva libovolně řídit. Mluví pro to i zmíněná zkušenost, že v dnešní době jsou meziprostory extrémně krátké. Pravděpodobně se tu překrývají dvě zákonitosti, jedna individuální a jedna neosobní. Moji spolupracovníci nyní zkoumají sled inkarnačních údajů podle astrologických hledisek doufajíce, že se tím přiblíží k platným zákonům.

Otázka po změnách počtu lidí nás přivádí k dalšímu problému: Odkud duše přicházejí a kam odcházejí? Musíme se nejdříve vypořádat s jedním starým a hluboko zakořeněným předsudkem, který mlčky vychází z toho, že kromě člověka a snad i zvířat neexistují žádné oduševnělé bytosti. Tento předpoklad se nám zdá i lehce ověřitelný, protože vycházíme z toho, že jiné živé bytosti musí nezbytně vypadat podobně jako člověk. To je však klamný závěr. Kdyby bakterie vycházela z toho, že všechno živé by mělo vznikat a vypadat jako ona, nemohla by nikdy uznat existenci člověka.

Tento náš myšlenkový omyl skvěle a výstižně karikuje Egon Friedell ve své povídce *Je Země obydlena?* Líčí, jak učenci vnitřní planety dvojhvězdy Labutě zkoumají otázku, zda jsou planety stálice Slunce obydleny, nebo alespoň obyvatelné. Tato možnost je jednoznačně odmítnuta, neboť jejich vědecké poznatky o družici Země dokazují, že je tu život zcela nemožný. Při této úvaze vycházejí labuťáčtí vědci přirozeně sami ze sebe. Jsou to totiž vznášející se vzdušné bytosti, které se živí světlem a potřebují ke svému životu minimálně teplotu 500 stupňů Celsia. Pouze jeden soukromý docent filozofie jim odporuje a vysvětluje to takto: „Všechny sluneční planety jsou samozřejmě obydleny tak jako všechna nebeská tělesa. Mrtvá hvězda, to by byl protimluv. Každé nebeské těleso představuje jistý stupeň dokonalosti, jeden z jistých stupňů oduševnění. Každé je božskou myšlenkou: tedy žije a je oživeno, i když jeho obyvatelé vypadají jinak než třeba náš profesor astronomie.“ Načež mu pro potupu fakulty bylo odebráno oprávnění k veřejnému přednášení jeho myšlenek.

Toto myšlenkové přepólování obvyklých myšlenkových programů připadá bohužel těžké nejen Labuťanům ve Friedellově povídce, ale i mnohým lidem na naší planetě. Nemůžeme se totiž odpoutat od myšlenky, že my lidé musíme být středem vesmíru. My lidé patříme k docela určité přírodní říši, totiž k lidské říši. A tato lidská říše je malou vrstvou uvnitř obrovské hierarchie všeho živého. Nad námi i pod námi existuje značný počet takových „říší", které jsou ve svých formách bytí docela jiné než my lidé, přesto však existují, živé a oduševnělé. I ty jsou začleněny do vesmírné evoluce, i ty se učí, aby se mohly rozvíjet.

Už když jsem začal mluvit o dokonalosti, zdůraznil jsem, že se vztahuje k člověku. Neboť každá živá bytost se rozvíjí ke „své" dokonalosti, k dokonalosti uvnitř své říše. Platí to právě tak pro rostliny jako pro zvířata a ostatní živé bytosti, které nejsou tak dobře známé. Dosáhne-li nějaký jedinec dokonalosti v rámci své říše, je schopen přejít v dané hierarchii do nejblíže vyšší říše, aby tu pokračoval ve svém rozvoji. Tak je každá vrstva průchozí říší s „přítokem" a „odtokem". Na jedné straně je tu příliv z níže ležícího stupně, na druhé straně odliv „dokonalých" do vyššího stupně hierarchie. Protože i „lidská říše" je takovou průchozí říší, můžeme si ušetřit hraní s čísly, tj. s kolika dušemi se vlastně začalo a jak se rozmnožují.

Současně tento model ukazuje ještě jeden zajímavý aspekt. Kdyby byla lidská říše uzavřeným celkem, musel by být svět – uznáváme-li vyšší vývoj – stále dokonalejší, až by nakonec sestával ze samých naprosto dokonalých lidí. Na světě se však tak rychle nic podstatného nemění, alespoň pokud jde o rozdělování poznatků, neboť představuje jenom výřez vývoje. Je to podobné jako ve školní třídě: třetí třída základní školy není lety chytřejší, neboť ti, kteří ji zvládli, odcházejí, a přicházejí jiní.

Vím, že i tento model hierarchie živých bytostí je pro mnohé neobvyklý, ale dříve než jej odsunou, měli by uvážit, s jakou samozřejmostí tento hierarchický model užíváme v jiných oblastech, např. v periodickém systému prvků. Ten ostatně není žádnou spekulací, protože odpovídá našim poznatkům – musíme však být na ně připraveni. Tak umožňuje například magie vnímat prostředky a cesty vědění o jiných rovinách bytí. Kdo však sám nevyvine snahu nahlédnout, nemůže také nic vidět.

V souvislosti s tématem nesmrtelnosti a znovuzrození slýcháme často otázku: Spatříme opět naše mrtvé? Mohu s nimi navázat kontakt? Potkám je na onom světě? Atd. Všechny tyto otázky se vyznačují vysokou sentimentalitou a jsou formulovány jen z hlediska žijících osob. Takzvaný mrtvý nesdílí sentimentalitu a smutek pozůstalých. Smrt naráz vytvoří odstup od pozemského dění a vyloučí tím jakýkoli druh emocí. Právě v této jiné formě bytí se člověk naučí vidět celou skutečnost, aniž by se upnul k jednomu pólu. Emoce totiž vzniká fixováním. Mrtvý nesmutní po těch, které tu zanechal, nachází se v jiné fázi s jinými úkoly, mimo napětí mezi láskou a nenávistí. I zde se ukazuje podobnost se spánkem, který také mnohé emoce rozpouští a ruší.

Otázka po setkání na onom světě vychází z obvyklé projekce tohoto světa na onen. Pro četné lidi znamená onen svět lepší provedení tohoto světa. Přitom přehlížejí, že se jedná o protipól, který je nezbytně zcela jiný, a nikoli zušlechtěné provedení něčeho známého. Na onom světě neexistuje žádné shledání, žádné vzájemné kontakty zemřelých.

Spiritisté jsou jiného mínění, jedná se však asi pouze o nedorozumění. Spiritisté mají kontakt s jakýmisi duchy, o nichž není známo, zda jsou to lidé, kteří se dosud nacházejí ve stavu přípravy nového zrození. Může se tu právě tak dobře jednat o jiné hierarchie. Já nevím o nějakém kontaktu s jinými bytostmi, příslušné otázky zůstaly vždy bez odpovědi.

To se vztahuje na kontakt s bytostmi stejné existenční formy. Proti tomu je potvrzena možnost přijít do styku s živými bytostmi. Tento kontakt však musí být vyvolán těmi živými, neboť „mrtvým" chybějí adekvátní prostředky k tomu, aby se zviditelnili někomu, kdo většinou nevyniká velkou senzitivitou.

Rád bych však položil otázku, zda je kontakt mezi živými a mrtvými smysluplný. Má-li někdo k smrti rozumný vztah, nechá své blízké přejít do jejich nové sféry, aniž by podnikal nějaké pokusy o kontakt. Platí to zejména pro vlastní průběh umírání. Nedělá tu chybu, že by umírajícího volal zpátky, protože by tím mohl celý přechod ztížit.

Z této poznámky vyplývá automaticky můj postoj k metodám moderní medicíny, která chce násilně mrtvé opět oživit a bohužel to i dělá. Roviny tohoto a onoho světa jsou tak rozdílné, že komunikace mezi nimi nemůže vlastně nic přinést. Kdo si myslí, že musí nutně mrtvému ještě něco říct, má to udělat v prvních dnech po smrti. V prvním období se mrtvý dosud zdržuje v blízkosti těla a uchovává si veškeré smyslové vnímání. Z toho však nelze vyvodit, že bychom měli mrtvého k sobě poutat. Spícího také necháváme spát a nerušíme jeho sny.

V každém případě by měli pozůstalí zanechat všech pokusů, pokud se opravdu dobře nevyznají v zákonitostech skutečnosti. Jestliže ano, stane se pro ně smrt samozřejmostí a bude mít stejný význam jako každá jiná změna fáze.

Pokud jde o setkání na onom světě, nic takového se nekoná. Onen svět není místem, na němž pobíhají duše a na pozdrav si s potěšením třesou rukama. Posmrtný stav má kvalitu čistého vědomí a je pro nás prakticky nepředstavitelný. Kdo by si zkusil představit, že je určitou vlnou televizního vysílání, nejvíc by se přiblížil realitě. I ten, kdo je dobře cvičen v meditacích, může si eventuálně udělat obrázek o tom, co to znamená být jen vědomím bez těla. V tomto stavu může sice mrtvý ještě vnímat dění na zemi, ale po několika dnech se těchto dojmů zbaví a již se o ně nezajímá.

Přesto může shledání s mrtvými lidmi existovat, nikoli však na onom světě, nýbrž jednou opět na Zemi. Protože člověk se setkává s týmiž kontaktními osobami tak dlouho, pokud trvají společné problémy, které je třeba řešit. Od chvíle, kdy jsem náhodou na tuto zákonitost narazil, dával jsem při každém sezení pozor na to, které osoby procházejí různými životy. Zde se dají prožít ta nejoriginálnější překvapení.

Tyto souvislosti vrhají také nové světlo na Oidipův, případně Elektřin komplex, neboť jsem ve více případech zjistil, že manželští či milenečtí partneři z dřívějších životů se nyní znovu setkávají ve vztazích otec–dcera či matka–syn. I v tomto případě by mnozí chtěli argumentovat opačně a předchozí život interpretovat jako projekci oidipovského komplexu. Jak jsem již dříve uvedl, věřím, že projekci a vzpomínky na předchozí život lze velmi dobře rozlišit. Společné prožívání různých inkarnací považuji proto za stejně dobře podložené a pojištěné jako jiné výpovědi. V této souvislosti je pozoruhodná i skutečnost, že pohlaví zůstává po mnoho inkarnací stejné a ke změně z mužského na ženské dochází jen ve velmi dlouhých rytmech. Toto je čistě zkušenost z mých experimentů a nemám pro ni žádné zdůvodnění.

V závěru zůstává ještě otevřena otázka, jaký význam mají tyto reinkarnační experimenty z ezoterického hlediska. Nabízejí se dvě východiska. Zaprvé poskytují tyto pokusy experimentátorovi neuvěřitelné pohledy a informace o procesech, které byly dosud každému experimentálnímu zásahu uzavřeny. Poznáváme zákonitosti a souvislosti, které byly dosud neznámé, nebo v nejlepším případě přístupné jen určitým médiím či zasvěcencům. To bylo také původním podnětem, když jsem s těmito experimenty před deseti lety začínal.

Mezitím tyto věci získaly docela nový dopad, který se mnohem víc týká pokusných osob než experimentátorů. Od té doby, kdy jsou pokusné osoby o průběhu všech sezení plně informovány, působí na ně proces prožívání. Měl-li jsem z počátku z takového působení strach, zkušenost mě poučila o opaku. Znalost dřívějších inkarnací nesmírně rozšiřuje vědomí. Člověk se najednou učí chápat detaily nynějšího života a rozumět jejich obsahu, poznává souvislosti a vytváří si názory, které jeho učební proces nezvykle urychlují. Mohli jsme u našich pokusných osob, s nimiž jsme po jeden rok alespoň částečně pracovali, pozorovat enormní rozvoj osobnosti, který potvrzovali nejen sami dotyční, ale bez výjimky i jejich blízcí.

Tento efekt se dá vysvětlit následujícím způsobem: člověk nemůže poznat skutečnost, protože se na vše dívá čočkou svých dosavadních učebních výsledků. Všechno, co vnímá, je proto nějakým způsobem emocionálně nabito. Osvětleme si to na příkladu: uhořel-li někdo roku 1493 v nějakém domě, je pro něj i dnes nemožné pozorovat oheň bez emocí a předsudků. Neboť každý oheň, každý hořící dům restimuluje v jeho nevědomí pět set let staré obavy. Sama událost je potlačena, ale postižený projikuje své pocity do momentálního vnímání. Nežije proto vlastně plně v dnešku, ale jistou částí stále v minulosti.

Jsou-li mu tyto dřívější prožitky ozřejmeny, zbaví se rázem tohoto filtru a je schopen pozorovat skutečnost takovou, jaká je teď, aniž by se do ní pletl dávno prošlý pocitový obsah. Takto není poznání „předživota" žádným útěkem do minulosti, nýbrž spíše předpokladem k tomu, jak osvobodit přítomnost od minulosti. Tento proces umožňuje to, co moudří lidé vždy žádali, ale co se tak těžko uskutečňuje: vždy a všude žít plně a vědomě přítomností. Uvědomění si inkarnace vede k tomuto cíli. Proto se naše reinkarnační experimenty staly vedle terapeutické hodnoty i metodou ezoterického učení, cestou k sebeuskutečnění.

Případ Nataša

1. sezení

P: Je mi zima!
H: Proč je vám zima?
P: Nevím, asi proto, že nesmím ven.
H: Kam ven?
P: Z paláce a...
H: Proč ne?
P: Protože otec hubuje a protože všichni, co mě viděli, dostanou výprask.
H: Co říká?
P: Že prý se nesmím vzdálit.
H: Odkud?
P: Ze svého pokoje.
H: Proč ne?
P: Protože má strach, že se mi něco stane.
H: Je to tak hrozné?
P: Ano.
H: Můžete mi to důkladněji vysvětlit?
P: Řekl, že by mohly být nepokoje, proto (vzdychá).
H: Proto?
P: Má o nás strach.
H: Kolik vám asi je?
P: Je mi dvanáct.
H: Máte sourozence?
P: Ano.

H: Kolik?
P: Jedna je nemocná.
H: Sestra?
P: Teď mě bere za ruku a hrozí mi.
H: Ano, čím?
P: Že všichni budou potrestáni, protože jsem byla venku.
H: A ty máš strach?
P: Ano, můj bože, co je?
H: Co je dál? Co se děje?
P: Jdeme do nějakého velkého sálu.
H: A co tam je? Co je v tom sále?
P: Sedí tam překrásná paní u dlouhého stolu.
H: Kdo je ta paní?
P: Musí to být moje matka.
H: Co je na tom tak hrozného?
P: Protože cítím mráz.
H: Jaký mráz?
P: Všechno je studené.
H: Odkud ten chlad přichází?
P: Moje matka mě nemá ráda, není vřelá, je jen krásná. Má tmavé vlasy, češe si je dozadu, na hlavě má špičatý šátek a je úplně bledá. K čemu tu jsem?
H: Proč tě to překvapuje?
P: Je nesmírně krásná, vím, má – důkladně mě obléká, mám šaty až po kotníky, samý brokát, kraječky na nabíraných rukávech, do těch mě strojí. Nesnáším její dotyky.
H: Co je?
P: (tiše naříká).
H: Je ten dotyk tak nepříjemný?
P: Ano.
H: Ještě něco je nepříjemné?
P: Ta nekonečnost, ty... ty sály tady, protože dostanu strach, vždycky...
H: Necítíš se tu dobře?
P: Ne, ne!
H: Jak se jmenuješ?
P: Nataša.

H: Jak?
P: Nataša, ne, říkají mi tak, ale já se tak nejmenuji. Jmenuji se jinak, ale já to jméno nechci. Ti, kteří jsou pořád se mnou, mi říkají Nataša.
H: Jak se tedy jmenuješ?
P: A moje matka jim vynadá.
H: A jak ti říká tvoje matka?
P: Jenom „dítě“. Říká mi jen „dítě“, protože ví, že...
H: Co je to za jméno, které nemáš ráda?
P: Říká mi jen „dítě“.
H: Nemáš své jméno ráda?
P: Ne.
H: Které to je?
P: Ne.
H: Co ne?
P: Nechci je.
H: Jaké je to jméno, které nemáš ráda?
P: Ach ne.
H: Je tak hrozné?
P: Ano.
H: Přesto mi je řekni.
P: (vzdychá).
H: Jednou je přece jen povíš.
P: Ne, ne, nechci!
H: Řekni je, hned, řekni mi je!
P: (pláče).
H: Nechceš je říct?
P: Ne.
H: Proč je ti tak nepříjemné? Nelíbí se ti? Nebo se k němu váže nějaká vzpomínka? Co je příčinou, že nechceš?
P: Jsem zlá.
H: Prosím.
P: Ne.
H: Proč jsi zlá?
P: Nechci, aby se někdo moje jméno dozvěděl.
H: Proč ne?
P: Protože jsem zlá.

H: Proč jsi zlá?
P: Jsem hrozná a...
H: Co je? Jaká hrůza? Co děláš tak hrozného?
P: Hm.
H: Co děláš tak hrozného? Můžeš mi to už říct!
P: Matka jde se mnou k oknu, jsou to velká, vysoká, úzká okna, s oblouky, nahoře jsou oblouky.
H: Co je?
P: Car, co je s carem?
H: Prosím?
P: Někdo tu celou dobu mluví o carovi!
H: Znáš cara?
P: Ano, ano, vím, jak vypadá, podobá se mému otci.
H: Prosím?
P: Podobá se mému otci, ale není to můj otec.
H: Kdo je tvůj otec?
P: Je to velkokníže.
H: Velkokníže, ano?
P: Ano.
H: A co je s carem?
P: Chce velkoknížete pronásledovat, proto otec nesmí, ne...
H: Co nesmí?
P: Musím být potichu.
H: Nesmíš o tom mluvit?
P: Ne.
H: Ale víš to?
P: Hm.
H: Můžeš mi ještě jednou říct, proč si myslíš, že jsi zlá nebo hrozná? Co děláš?
P: Pomstím svého otce.
H: Prosím?
P: Ano, pomstím svého otce, potom – ano, až bude mrtvý.
H: Proč zemře? Kolik ti je, když umírá?
P: Devatenáct.
H: Nač tvůj otec umírá?
P: Na jed. Vím přesně, jak jej vypil.
H: Víš také, od koho ten jed byl?

P: Od maršála, velkého přítele, já ho nesnášela, a on byl v tom komplotu.

H: A?

P: Pohár – pil z něho jenom večer, a ten byl, ten měl růžice. Pohár byl hladký, byl takový hladký, a nahoře na nožce byly takové rozety, vždycky jsem do nich strkala prst, do těch rozet a... ne, to není pravda, nemůžu to říct...

H: Co není pravda?

P: Nemůžu to všecko povědět.

H: Proč ne? Jen to klidně řekni, nic se neděje. Klidně řekni, co bylo s tím pohárem?

P: Viděla jsem, jak ten tam ten pohár ohmatával, myslela jsem si, že se dívá, jestli je čistý. Tehdy tam musel ten jed nějak dostat, nebo jej... okraj, okraj toho poháru, objížděl jej prstem, jezdil po něm, a tak se tam ten jed dostal. Okraj poháru, a mně se zdálo... myslela jsem, že vyluzuje hudbu. Často jsme to dělali, s prsty na sklenicích, a zněla hudba, a já se divila, že právě na tom zlatém se nedala žádná hudba vyloudit, ale on po něm jezdil. Já tam nesměla a proto jsem to nikomu neřekla. Jsem vždycky tam, kde nesmím být.

H: Proč jsi tam nesměla?

P: Směla jsem být jenom v levém křídle.

H: Proč?

P: Směla jsem zůstávat jen v levém křídle.

H: Jak jsi stará?

P: Jsem velká, je mi devatenáct.

H: Devatenáct?

P: Otec mi řekl, že je nemravné chodit ven. Je to vždycky nemravné, a proto jsem to viděla.

H: Dobře, pojďme dál. Co je dál?

P: Matka je nemocná.

H: Co jí je?

P: Leží ve své komnatě a má bolesti.

H: Jaké?

P: Lidé říkají, že matku..., že matka umře hořem.

H: Čím?

P: Hořem, já to slovo neznám.

H: Co se stalo s tvým otcem?

P: Mého otce dávají do hrobu..., ne, není to hrob, chodí se dovnitř, nespouštějí ho dolů. Nesou rakev a tu vystavují. Je to taková přístupná hrobka. To přece nemůže být můj otec!

H: Co je s tvým otcem?

P: Je v té hrobce otevřený.

H: Otevřeli rakev?

P: Ano, lidé mohou chodit kolem ní, hoří světla.

H: Prosím?

P: Šlehají plameny, jsou to pochodně, otec chtěl pochodně, a matka svícen. Vždycky říkal, že chce..., že má rád světlo pochodní. Když lidé přicházeli před zámek s pochodněmi, měl ta světla rád, tehdy mě vždycky objal, chytil kolem ramen.

H: Prosím?

P: Vždycky mě chytil kolem ramen a říkal, že má rád to světlo, že je to přirozený plamen.

H: Co, pochodně?

P: Ano, proto měl pochodně v tom přístupném hrobě.

H: Je ten hrob daleko od vašeho domu?

P: Hm, nevím, jak je daleko. Když běžím daleko, když vyběhnu ze zámku a běžím daleko, pak utíkám celé dny, to je daleko. Nevím to, nikdy jsem neznala čas. Myslím si, že pro mě žádný čas neexistuje.

H: Víš, jaký se psal rok, když tvůj otec umřel?

P: Osmnáct set... ne (pláče).

H: Co je tak zlého? Pověz mi to!

P: Matka to nechala z desky odstranit.

H: Datum?

P: Ano.

H: Proč?

P: Říkala, že Země by se měla zastavit, a protože to neudělala, je prokletý rok.

H: Jak ten letopočet pokračoval?

P: To už nevím, asi sedmdesát, opravdu to nevím.

H: Je ti devatenáct?

P: Ano.
H: V jakém městě a v jakém místě se to stalo? Kde žijete? Můžeš mi to říct?
P: Dva dny od Petrohradu.
H: Má vaše město také nějaké jméno?
P: Ano.
H: Ano?
P: Mám závrať.
H: Nemusíš mi to říkat. Ale můžeš mi ještě říct, jak se tvůj otec jmenoval?
P: Nikolaj.
H: Prosím?
P: Nikolaj, hrabě z... (silné vzrušení).
H: Prosím, cos chtěla právě říct? Necítíš se dobře?
P: Volali pořád po chlebu.
H: Lidé volali po chlebu?
P: Volali po...
H: Co je to za lidi?
P: Všichni stojí před okny.
H: Před okny?
P: Dole, stojí hluboko dole, natahují ruce a křičí: „Chleba!"
H: Ano, vyprávěj dál.
P: Nemohu se pohnout, stojím a necítím nohy, protože se mě to dotklo, a matka se jen směje, my máme jídla dost. Nemůže mě to pustit, myslím, že se skácím.
H: Jak to probíhá dál?
P: Necítím nohy.
H: Co dál?
P: Někdo přišel a nesou mě pryč. Tady odtud necítím nohy, odtud (ukazuje na stehna).
H: Jak to pokračuje?
P: Zdá se mi to tak nespravedlivé, že my máme všechno a ti ostatní nemohou žít. A přitom mají děti. Nenávidím svou matku.
H: Jak se jmenuje?
P: Kateřina, nenávidím ji, nenávidím. Nikdy nezapomenu, jak tam ti lidé stojí a křičí.

H: Co je? Pojď, řekni všechno.
P: Tenhle...
H: Kdo? Co dělá?
P: Ten muž, je to léčitel.
H: Kdo je to?
P: Vždycky ho zavolají, když má matka bolesti, přikládá mi něco na kůži.
H: Co ti dává na kůži?
P: Samá zvířata.
H: Jak vypadají?
P: Myslím, že to jsou pijavice.
H: Pijavice?
P: Ano.
H: Je to tak nepříjemné?
P: Vypadá to hrozně. A já jsem bledá, říkají všichni.
H: Jak jsi teď stará?
P: Je mi deset, dvanáct, bylo mi dvanáct. Můj věk nesouhlasí, protože jsem příliš malá, všichni říkají, že prý je mi deset, ale mně je dvanáct.
H: Víš, jaký rok právě píšeme?
P: Nepíšeme žádné letopočty, učitelka mi to zakázala.
H: Proč?
P: Protože už jsou roky spočítané.
H: Co říká?
P: Naše roky jsou už spočítané.
H: A proto žádné nepíšete?
P: Ano.
H: Ale víš přece, který rok asi máme, ne?
P: Ano, ale nechci to říct, nechci.
H: Můžeš mi říct, v kterém roce ses narodila?
P: 1851.
H: Ano.
P: Ale nesmím to říct.
H: Co mi chceš ještě povědět?
P: Chci se zbavit těch obrazů.
H: Jakých obrazů?
P: Těch hladovějících lidí tam dole, těch lidí, kteří na nás dotírají, kteří nás pronásledují.

H: Máš z nich strach?

P: Mám, a můj otec má strach, bojí se, že mi něco udělají. Protože vědí, že jsem jeho miláček.

H: Máš ještě sourozence?

P: Ano.

H: Kolik?

P: Dva.

H: Sestry?

P: Ano, a pak je tu ještě syn, ale ten nepatří do naší rodiny.

H: Ale je tu syn?

P: Ano.

H: Tvého otce?

P: Ano.

H: Ale proč nepatří do rodiny?

P: Protože ho matka nemá ráda.

H: Žije s vámi?

P: Ano, je často u nás.

H: Dobře, jděme kousek dál. Stárneš, je ti patnáct. Jak se ti vede? Je ti patnáct let.

P: Nedělám nic jiného, než že jsem v sálech. V trůnním sále a v parku, pořád totéž. Nemám to ráda, nemám. Čtu si.

H: Co v té době čteš?

P: Pořádně tlustou knihu, kterou mi otec zakázal.

H: Jak se jmenuje?

P: O jedné bitvě, o bitvě, a není to kniha pro mě, těžko se čte, protože písmena jsou tak křivá.

H: Ale přesto ji čteš.

P: Musím ji schovávat.

H: Je to napínavé? Líbí se ti to?

P: Jsou to hrdinové.

H: Ano.

P: A jednají tak, jako by člověk mohl žít šťastně jenom jako hrdina. Zdá se mi to vylhané, ale čtu dál.

H: Dobrá, jsi starší, je ti sedmnáct, je ti devatenáct. Povídej!

P: (naříká).

H: Co je?

P: Lidé jsou zlí.

H: Proč?

P: Jsou moc pokrytečtí. Otec říká, že mě obklopují pokrytci. Tváří se jako přátelé. Otec se necítí dobře.
H: Proč ne?
P: Má starosti.
H: Proč?
P: Mnohem víc se setkává s rádci než dřív.
H: S kým?
P: S muži, kteří mu radí.
H: Kdo to je, znáš někoho?
P: Je jich moc, shromáždí se vždycky v jedné místnosti a řeční. Jeden je pro záležitosti lidu, jeden koruny, jeden...
H: Pro co je ten další?
P: Pro knížata, ne, barony, stavy..., pro záležitosti stavů.
H: A co je tvůj otec?
P: Můj otec je velkokníže.
H: A teď se s těmi lidmi často setkává, ano?
P: Ano, vždycky když vychází, musím se chovat dětsky, musím kolem něho tancovat jako malá holka, rozveselovat ho. Tím mu mám pomáhat při jeho těžké práci. A pořád mě má za malou a nechce mě ničím zatěžovat.
H: Jak to pokračuje?
P: Dělám mu starosti, protože nedělám to, co je nařízeno.
H: Například?
P: Utíkám ven, na několik dní zmizím.
H: Kam ven?
P: Běžím do parku, jsou tam malá vrátka a tudy uteču. Jsou tam pole, tam jsem si vždycky půjčila kabát od dívky, co tam ořezává květiny, tu přitlačím a stáhnu z ní vždycky kabát.
H: Co je s přitlačením?
P: Takový nátlak. Jednou jsem viděla, jak se s někým muchluje, a tak jsem řekla, řekla jsem, je tu náčelník, tomu to řeknu, když mi nepomůžeš, když mi nedáš, co po tobě chci. Tak jsem to vždycky udělala, dostala jsem od ní šaty a šla pryč. Na dva dny jsem zmizela.
H: Kde přitom spíš?
P: Pak se vrátím a slyším, co můj otec rozhlásil, že mi není

dobře, že mám potíže, protože ví, že musím ven, že bych se jinak udusila.

H: Kde přitom spáváš, když jsi pryč, z čeho žiješ, co jíš?

P: Jdu vždycky k rodině, která u nás dříve pracovala, otec mu daroval statek, protože ho má rád. Jsou to úplně staří lidé, protože mu kdysi prokázal dobré služby. A tam vždycky jdu. A od něj slýchám, že mají vypuknout nepokoje.

H: Jak je to dál?

P: Je to nesmírně krásná krajina, je to rovina, široká rovina, nevidět konce, jen samá pole, pole. Svět se mi líbí. Musíme zpátky do Petrohradu.

H: Kdo my?

P: My všichni.

H: Co to znamená zpátky do Petrohradu? Co tam děláte?

P: Žijeme.

H: Máte tam dům?

P: Máme, bydlíme v něm. Šest měsíců jsme v Petrohradě, šest měsíců tady.

H: Kde je to tady? Je to daleko?

P: Dva dny cesty, vyrazíme vždycky večer a jedeme celou noc a celý den.

H: Vracíte se tedy do Petrohradu?

P: Nechci do Petrohradu!

H: Proč nechceš?

P: Nemám ho ráda, je tak studený. A je v něm pořád hrozně moc sněhu. Když jsem jednou vykoukla z okna, z okna strážnice, tak...

H: Cos právě řekla?

P: Petrohrad, s tou veškerou hudbou, jsme tu, chodíme po Petrohradě a všechno je tak prolhané... Smíme se pohybovat jen po přesně určených ulicích – hm –

H: Co je?

P: Mám... (projevuje vzrušení).

H: Co máš?

P: Musím proti tomu pořád bojovat, protože... tíží mě to, chtěla bych pryč, daleko, chci vidět, co je v těch ulicích, do kterých nesmíme – hm – kolik lidí tam je.

H: Jakých?

P: Prosebníky pořád zahánějí, jeden se zahrabal do sněhu, proto ho nezahnali, a já viděla, jak tam zmrzl – hu – od té doby nemám žádný klid, protože vím, že nás od ostatních lidí úplně odřízli, od jejich bídy.

H: Koho tím myslíš?

P: Sebe.

H: A koho ještě?

P: A otce, tomu namlouvají, že vládne spokojenost, spokojenost v národě, mezi lidmi, sedláci že mají co jíst, ale není to pravda, jsou to falešníci, ti jeho rádci, jenom ho houpají, ale já to vím, vyprávěla jsem otci o tom mrtvém, který tam stál ve sněhu, a on mi zavřel oči, položil na mé oči ruce a řekl: „Jsou věci, před kterými musíš zavřít oči. Protože jsme jenom lidé, nemůžeme každému vyhovět." Otec říká věci, které se dají najít v knihách.

H: Co tím myslíš?

P: Můj otec je moudrý a dobrý.

H: Jak jsi stará?

P: Jednadvacet.

H: Co dělá tvůj otec?

P: Ten už není.

H: Od kdy, pověz mi to – co se stalo? Vylič mi celou událost.

P: Otec je mrtev. Hm, hm.

H: Jak dlouho?

P: Už 16 měsíců.

H: Pověz, co se stalo!

P: Otec byl otráven. Jsme teď v Petrohradě a všechno je zlé, chci umřít ve sněhu.

H: Proč?

P: (pláče).

H: Pojď, povídej, proč chceš umřít ve sněhu, povídej! Proč? Vyprávět, nepřestávat!

P: Nechci už žít.

H: Proč už nechceš žít?

P: Nemám už ráda lidi.

H: Protože otrávili tvého otce?

P: Ano, a protože je matka tak hrozná.
H: A chceš teď umřít?
P: Ano.
H: A co děláš? Nebo co chceš dělat?
P: Chci se zachumlat do sněhu, chci umřít venku v přírodě.
H: Uděláš to? Kolik ti je?
P: Jednadvacet.
H: Provedeš svůj plán?
P: Ne, ne (těžce dýchá).
H: No, povídej, co je? Na co právě myslíš? Co děláš?
P: Jsem v posteli, je mi zle.
H: Co je ti?
P: Mám zápal plic.
H: Bylas přece jen ve sněhu?
P: Ano.
H: A teď ležíš v posteli?
P: Hm.
H: Kolik ti je? Jednadvacet?
P: Ano.
H: Vyprávěj, jak je to dál, uzdravíš se?
P: Ano.
H: Postoupíme v čase, jakého věku se v tomhle životě dožiješ? Můžeš to říct?
P: Jedenašedesát.
H: Jdeme dál a pořád dál, obrazy zůstávají za námi, ztrácejí se...

2. sezení

H: Vracíme se zpátky časem, jdeme zpět až k početí, přejdeme je, vracíme se. Jdeme zpátky, tak daleko, až se octnete v nějaké nové situaci. Tam se zastavíte a popíšete mi své pocity. Jdete zpátky, až se octnete v nové situaci. Odtud mi popíšete, co děláte a vidíte. Co je tu?
P: Vidím starou paní.
H: Ano.
P: Kostnatou.

H: Řekněte mi o ní něco.
P: Stará paní.
H: Co tu dělá?
P: Sedí na nějaké, na nějaké, na nějaké židli – není to židle, je to, co je to?
H: Co je to? Popište to!
P: S opěradly, a je vysoká, není to trůn, ale je to nějaká, nechci...
H: Co nechcete?
P: Nemůže to být trůn, nemůže to být trůn!
H: Prostě řekněte, co vidíte – tedy křeslo podobné trůnu?
P: Ano.
H: A v něm sedí stará paní?
P: Ano.
H: A co tu dělá?
P: Má na hlavě černý, špičatý šátek, má bílé vlasy a úplně chladný pohled.
H: Ano.
P: A svými prsty, svými kostnatými prsty tluče do opěradel.
H: Říká něco?
P: Je zlá.
H: Co říká?
P: Mám strach, že jsem to já, je zlá, ne. Jakmile vidím ten obraz, je zlá, proč?
H: Jednoduše popište, co vidíte.
P: (sténá).
H: Popište další děj.
P: (zavzdychá).
H: Co se děje?
P: Je tu taková podesta, na ní stojí křeslo, ano, a jsou tu vysoká, velmi vysoká, zakrytá okna, vysoká okna se sametovými závěsy, vzorkovanými.
H: Jsou v tom sále ještě nějací lidé?
P: Ano, jsou tu samí muži, v devotním postoji, nechci, nechci...
H: Odpoutáme se od tohoto dojmu a půjdeme pět let nazpět. Vrátíme se o pět let a vy mi popíšete, co děláte. Co děláte?
P: Jsem v parku.

H: A co tam děláte?

P: Toulám se mezi květinami, rozkládají se tu celé záhony, rozkládají se tu. Je to nekonečně široká, zelená louka, zelený koberec, jsem v zadní části parku. Všechno je přátelské, ale já to zničím.

H: Budete to ničit?

P: Ano, všechno zničím.

H: Jak jste teď stará?

P: Je mi šedesát.

H: A kvůli čemu chcete všechno zničit? Co uděláte?

P: (sténá).

H: Co máte v úmyslu?

P: Budu hrozná, tak jako vždycky.

H: Co je to vždycky?

P: Jako po celý život. Nesnáším tuhle mírumilovnost, která ze všeho vyzařuje, nemůžu ji vystát.

H: Co je?

P: To bych vám toho musela moc povědět.

H: Tak povídejte.

P: Je toho moc!

H: Někde začněte.

P: Je toho strašně moc. Nemohu se ospravedlnit, nevím, proč jsem taková.

H: Nemusíte se ospravedlňovat, vyprávějte. Nechci žádné omluvy, klidně vyprávějte.

P: Ruší mě ptáci, kteří švitoří. Všude vidím pokrytce, všechno se mi zdá falešné. Dělá mi dobře, že mohu všechno zničit.

H: Proč? Působí vám radost všechno rozbít?

P: Ne, ale mám pocit, že bych měla něco poničit.

H: Jak to všechno ničíte, jak to děláte? Uveďte nějaký příklad.

P: Kupuju si lidi, kteří přednesou nějaké podezření o osobách, které nemám ráda, a pak, pak je trestám, ačkoli dobře vím, že je to vylhané, zinscenované jenom pro mě. Ale všechno je kaput.

H: Jak dlouho to už děláte? Od kdy cítíte tohle nutkání? Souvisí to s vaším otcem?

P: Ano.

H: Kdy jste to začala pociťovat, kdy to začalo?
P: Když mi bylo devatenáct. Když umřel otec.
H: Ale tehdy ještě žila vaše matka?
P: Ano.
H: Měla jste ji ráda?
P: Ne, měla jsem ráda otce. A on mě.
H: Jaké to bylo po smrti vašeho otce? Můžete mi o tom něco říct? Co jste pak dělala?
P: Moje matka byla falešná, ale to už je dlouho, o tom nechci mluvit. Byla vždycky falešná, dobře jsem ji odhadla. Žila jsem jen proto, abych pomstila otce. Celý život jsem tak žila.
H: Jak jste chtěla otce pomstít?
P: Chtěla jsem všechny ty lidi, co se vydávali za přátele, zničit. Vyprávím vám to, ale je to už tak dávno.
H: Můžete mi to klidně vylíčit. Povězte mi ještě něco.
P: Z těch ptáků bych se zbláznila, z těch tvorů, co tu cvrlikají, co dělají, jako by všecko v životě bylo krásné. Pořád poletují. Někdo by je měl odstřelit. Něco by se s nimi mělo udělat. Vyhlásím, že v zemi nesmí být žádný pták. V celém knížectví nesmí být ani jeden pták.
H: Co je to za knížectví, o němž mluvíte?
P: Nařídím to, nařídím!
H: Co je to za knížectví, o kterém mluvíte?
P: Moje říše, co je – nařídím to.
H: Jaká říše?
P: Říše mého otce.
H: Jak se ta říše jmenuje? Má nějaké jméno?
P: Přirozeně.
H: Jak se jmenuje?
P: Proč se mě na to ptáte?
H: Jen to řekněte.
P: Musíte přece znát hranice naší říše!
H: Rád bych slyšel to jméno. Řekněte je. Proč je nechcete říct?
P: Ráda bych věděla, proč to chcete vědět?
H: Protože jsem cizinec a nevím to.
P: Co tu pohledáváte? Co tu máte co dělat, když jste cizinec? Ztratil jste tu něco?

H: Nemusíte hned být zlá, není pro to žádný důvod. Vyprávějte něco z vašeho života.

P: Kdo jste? Kdo jste?

H: Jsem hlas, který s vámi mluví. Mně můžete všechno říct, i to, co nechcete říct nikomu. Neznamenám pro vás žádné nebezpečí. Znamenám pro vás pomoc.

P: Mně nikdo nepomůže, nikdo.

H: Mluvte ke mně. Vyprávějte něco z vašeho života. Jaká byla nejhezčí událost ve vašem životě?

P: Mé dítě, moje dítě...

H: Vy jste přivedla na svět dítě?

P: Ne, já ne. Mé dítě je to, které je u mě.

H: Komu tedy patří?

P: Mně ne, já je neporodila, já je však miluji. Je to příbuzný. Malý chlapec.

H: Jak se jmenuje?

P: Alexej.

H: Jak?

P: To byla nejhezčí událost mého života.

H: Jaká událost? Když to dítě k vám přišlo, nebo když se narodilo? Čeho se týká ta událost?

P: To dítě mně vzali. Vrátilo se ke své matce.

H: Jak dlouho u vás bylo?

P: Jedno jaro, jedno jaro.

H: Máte muže?

P: Mám hodně mužů. Měla jsem několik mužů. Jen mi nepřirostli k srdci. Měli ze mě strach.

H: Jste hrdá na svou ukrutnost?

P: Ne, dělám takové věci jako pod nějakým tlakem. Nemohu prožít žádnou radost, od té doby, co znám konec těchto lidí, protože všechno má svůj konec, vždyť jsem to viděla. A proto ty ukrutnosti, proto jsem taková. Taky nikomu nedopřeju radost prožít něco, co mu dělá dobře. Vím, že jsem zlá.

H: Existuje ve vašem životě něco určitého, čeho litujete?

P: To bych musela litovat celý svůj život. Jsem stará.

H: Jak stará?

P: Šedesát.

H: Který rok píšeme?
P: Co chceš ode mě vědět?
H: Který rok právě píšeme.
P: Proč chceš něco takového vědět? Jsi nějaký hlas, co ode mě chceš?
H: Ptám se, ale neodpovídám na žádné otázky. Který rok píšeme?
P: Devatenáct set a něco, ale to musíš vědět.
H: Kolik a něco?
P: Jedenáct, dvanáct.
H: 1911?
P: Ano, myslím, že ano.
H: Jak se jmenuje země, v níž vládneš?
P: Vadí mi, vadí mi tvoje vyzvídání. Ptám se, jak jsi sem přišel.
H: Bude pro tebe dobré, když odpovíš na otázky. Pomůže ti to přehlédnout tvůj život.
P: Začíná mi bušit srdce, dej mi pokoj.
H: Máš něco se srdcem?
P: Nikdy tu nikdo není, když ho potřebuji. Potřebuji tu vodičku, co si dávám pod nos. Nikdy tu nikdo není. Bylo by třeba zacházet s těmi lidmi jinak, mnohem tvrději.
H: Mohu ti také poskytnout službu. Dodám ti vůni té tekutiny. Udělá ti dobře. Stačí jen, když se nadechneš, a ucítíš vůni, kterou teď potřebuješ. Přivoň a uvidíš, že ti udělá dobře.
P: (hluboce se nadýchne).
H: Cítíš to?
P: Ne, čichám jen vzduch (znovu se nadechne).
H: Ne, to nesouhlasí!
P: (opět se zhluboka nadechne).
H: Vdechuješ vůni z té lahvičky, kterou potřebuješ.
P: (nadýchne se).
H: Tvé srdeční potíže, bušení srdce mizí. Souhlasí?
P: Je to nějaká jiná vůně, ale dělá mi dobře. Momentálně nic necítím, je to lepší.
H: Přesto jsem tu právě pro tebe, pokud mě potřebuješ.
P: Kvůli tobě nepřevrátím všechny svoje poznatky.
H: Máš nějaké poznatky, povídej, jaké?

P: Mám – jsem unavena!
H: Jaké to jsou poznatky?
P: Proč bych se ti měla otvírat? Celý život jsem nikoho neměla.
H: Proto jsem k tobě přišel. Chceš se těmi svými věcmi udusit?
P: Vydrží mi až do posledních let. Nevím, proč bych se jimi měla udusit. Mám dost síly i moci.
H: Tohle je ten poznatek?
P: Ne, není, to je následek. Myslím, že jsem rostla s každou ohavností. Musela jsem bojovat sama se sebou, protože jsem vlastně citlivá, tak jsem se dostala pokaždé o krok dál... Točí se mi hlava.
H: Z čeho? Z čeho se ti točí hlava? Z toho, cos dělala, nebo z tvé síly?
P: Vidím tam vzadu někoho, kdo mě pozoruje. Když jsem v té části parku, kde nemá nikdo být, jenom když zavolám. Pozoruje mě a nemá tu co pohledávat. Nechám ho zmrskat (těžce vzdychá)!
H: Co byla podle tebe největší ukrutnost, které ses dopustila?
P: Nechala jsem rádcům srazit hlavu.
H: Kdo to je?
P: Ti, co mě obklopovali. Ale to už je dávno.
H: Kdy to bylo? Kolik ti bylo let?
P: To jsem byla ještě mladá, bylo to, když moje matka – ne, nechci o tom mluvit.
H: Proč ne? Lituješ toho, dodatečně?
P: Ne, ne, to bych musela litovat celý svůj život. Nechci ničeho litovat. Ne, ne, bylo to naprosto vědomé. Nikdo mi nevnutí špatné svědomí. Unesla jsem to sama.
H: To je v pořádku, já ti také nechci nic vnucovat. Ptal jsem se jen proto, žes o tom nechtěla mluvit.
P: Je to za mnou, celý život za mnou, a teď jsem stará. Nic už mě nerozhází.
H: Když jsi byla velmi mladá a tvůj otec ještě žil, měla jsi velký soucit s prosebníky a nespravedlností. Vzpomeneš si na to ještě někdy?
P: Hodně jsem trpěla.
H: Čím?

P: Byla jsem tu pro všechny, každý mě mohl zranit, všichni na mě viděli. Byla jsem nestranná, lidská, a žila jsem život, jaký ani není, měla jsem jen samé přátele. To všechno vzalo za své. To všechno jsem zadusila, protože jsem už nechtěla žít, když můj otec umřel. Nikdo by se neměl vázat na jednoho člověka, jak jsem to udělala já. Nemůže už potom žít.

H: Je to také jeden z poznatků?

P: Je to ten, který určil můj život. Musela jsem žít jiný život. Nemohla jsem už žít jako předtím. Nikomu jsem už nedůvěřovala, nikdy. A nikdy bych už taky nikomu nedůvěřovala, proto se ptám, proč ti to vyprávím, ale už nebudu. Jestli jsi jen nějaký hlas, jdi pryč a nech mě na pokoji. Nemůžeš mě pronásledovat.

H: To nedělám. Ale je mimoto nějaký člověk, z něhož máš strach?

P: Ne, postavila jsem si kolem sebe plno zdí a moje ukrutnost se tak rozkřikla, že si nikdo netroufne provést mi něco zlého. Mají ze mě strach. A car je mi velmi nakloněn!

H: Jak se car jmenuje?

P: Ptáš se mě na údaje, ptáš se mě na údaje, ptáš se mě na jméno.

H: Ano, a ty mi je řekneš.

P: Dám tě vyhnat!

H: Ó jé, to můžeš, ale nejdřív mně musíš říct carovo jméno.

P: Ty nejsi odtud?

H: Jak se car jmenuje?

P: Nejsi odtud?

H: Ne.

P: Všechno od sebe odrážíš, co chceš? Čekal jsi, až tu budu sama.

H: Mohu přece všude…

P: Ptáš se mě na jméno mé země, ptáš se na něho…

H: Máš strach?

P: Jsem stará, co po mně chceš?

H: Ptám se, zda máš strach.

P: Ne.

H: No prosím.

P: Prostě nechci, to není strach, chci před tebou zavřít své uši.

H: Ne.

P: Nechci to, neovládám tě.

H: To je mrzuté.

P: Zneklidňuješ mě. Jsem stará, nech moje dny...

H: Ty ti nechám. Nechám ti všechno, jak chceš, jen se s tebou bavím. Každý, kdo se s tebou baví, nechce hned něco měnit. Já nic měnit nechci.

P: Chceš něco vědět.

H: Ano.

P: Neotevřu se ti, zavřu svoje uši. Kromě toho teď mizím. Jdu pryč.

H: Hm, a kam?

P: Přijdou ke mně ženy, které chtějí něco změnit. Chci je vyslechnout, nebudu proto poslouchat tebe. Vždycky se stalo to, co jsem chtěla. A jsem nedůvěřivá.

H: Vidím, ale nyní naprosto neprávem.

P: Nechci už.

H: To nevadí, dovolím si navštívit tě ještě jednou. V nějaké nové situaci.

P. Co ti to přinese? Co to přinese mně? Mně nic. (Mluví tiše sama k sobě.) Kromě toho zapadá slunce, jdu dovnitř, jdu dovnitř, řekla jsem, že při západu slunce můžete přijít, mám ráda stmívání. Mám z něj dobrý pocit. Dává mi pocítit, že ještě žiju. Pološero je to, co mám ráda. Chci jen něco cítit. Všichni ode mě pořád něco očekávají a já musím jejich očekávání zklamat, chci je zklamat. Ale nálada je dobrá. Chci ty ženy vyslechnout. Třeba pro ně budu moci něco udělat, to se stává zřídka. Ten hlas mě zneklidnil. Ale to mě nemůže rozházet. Tolik lidí prošlo mým rukama, proč by mně mělo ublížit něco tak nepodstatného. Co se mě ptal? Chce něco vypátrat. Chce něco donést, donést jemu. Ptal se na jeho jméno. Ptal se na jméno, tady něco nehraje. Musím vzít rozum do hrsti, jinak nemohu dál. Byl tu nějaký člověk, který mluvil moc inteligentně, pravda, slyšela jsem, že je to filozof, zeptám se ho, co za tím vězí. Je tu příjemně, ten chládek tady je příjemný.

H: Odpoutáme se od těchto dojmů a pokročíme o rok kupředu. Jsi o rok starší. Co děláš?
P: Ležím v posteli.
H: Ano, a jak se ti vede?
P: Vede se mi špatně.
H: Co ti chybí?
P: Nevím, jsem stařecky slabá, dokonce si myslím, že lidé kolem mne jsou přesvědčeni, že už tu dlouho nebudu. Co dělám, mluvím jen pro sebe, na nikoho se nespoléhám, protahuji se ve své posteli, dobře na to vidím, dala jsem odstranit z oken závěsy, aby se za nimi nemohl nikdo schovat. Okna jsou holá, je tu chladno, ale přehledno. Zůstávám v posteli, ve veliké posteli, ale není mi dobře.
H: Co je ti?
P: Kdo jsi? Kdo jsi?
H: Jak se jmenuješ?
P: Kdo jsi?
H: Zanech té nedůvěry, bude jednodušší, když mi řekneš svoje jméno.
P: Kdo jsi, že ses octl v mé komnatě a ptáš se na moje jméno. Kdo jsi?
H: Nemusíš se vzrušovat. Zůstaň úplně klidná.
P: Ne, jsem stará a slabá.
H: Uděláme malý pokus. Nechceš mi říct svoj jméno, dobrá, budu počítat do tří a až řeknu tři, ucítíš, jak tvoje ústa sama to jméno vysloví. Jedna, dvě, tři!
P: (sténá).
H: Teď už je řekneš, tvoje ústa je sama řeknou.
P: (sténá a něco šeptá, ale příliš tiše).
H: Teď už jsi to řekla, tak to řekni ještě jednou nahlas!
P: (vzdychá a dělá grimasy).
H: Řekni to nahlas!
P: (sténá).
H: Víš, jak se jmenuješ?
P: Bolí mě srdce (dělá srdceryvný obličej)!
H: Bolesti ustupují a cítíš se dobře, velmi dobře, cítíš, jak bolesti najednou ustupují. Napočítám do tří a bolesti budou

pryč. Jedna, dvě, tři. Klidně a pravidelně dýcháš a cítíš se dobře, velmi dobře, je to tak?

P: (těžce dýchá).

H: Cítíš, jak ti to dělá dobře?

P: (dále vzdychá).

H: Cítíš, jak ti to dělá dobře? Och, je ti dobře, velmi dobře. Řekni něco!

P: Točí se mi hlava!

H: Ne, je ti vysloveně dobře, ano? Je ti dobře, je to tak?

P: (dýchá lehčeji).

H: Dobře, nechám tě o samotě.

P: (oddechne si).

H: Zbavíme se toho dojmu a postoupíme kupředu. Obrazy se stahují zpět a my jdeme s časem vpřed, stále dopředu. Jste klidná, docela klidná, postupujete vpřed. Tak dlouho a daleko, až dosáhnete roku 1975. Tak dlouho jdeme vpřed. Podrobnosti mezi tím nás nezajímají. Jdeme vpřed až do roku 1975. Hluboce a pevně spíte. Jste klidná, docela klidná. Cítíte se dobře. Spíte pevně a hluboce. Všechno ve vašem těle se uvolňuje a odplouvá. Cítíte se dobře. Obrazy mizí. Zmizely a vy slyšíte jen můj hlas. Pravidelně a klidně dýcháte. Cítíte se dobře, šťastně a spokojeně...

Narození a smrt v experimentu

Naše experimenty s regresemi nabízejí poprvé příležitost obdržet exaktní a autentické výpovědi o procesech početí, embryonálního vývoje, narození, smrti a posmrtného stavu. Dozvídáme se nejen o samotném procesu, ale získáváme především pohled na prožití jeho průběhu. Leckdo může hodnověrnost těchto zpráv zpochybnit, je však přece většinou možné tato líčení, tyto výpovědi o porodu a embryonálním stavu, s pomocí rodičů ověřit. Podrobnosti o průběhu porodu, přesný popis porodního sálu, vyslovené věty, pokusy o potrat, matčiny nehody či úleky během těhotenství – všechny tyto věci lze ve většině případů ověřit, jestliže rodiče pokusné osoby dosud žijí.

Poté, co se prokázala spolehlivost výpovědí o porodu a embryonálním vývoji, měl by být přiznán vysoký stupeň věrohodnosti i těm ostatním, hůře ověřitelným výpovědím, které byly získány stejným způsobem. K tomu přistupují naprosto souhlasná líčení všech pokusných osob o smrti a posmrtném stavu. Pokud bychom nechali popsat tak neznámou situaci, jakou posmrtný stav je, deseti různými lidmi jen podle jejich fantazie, dostali bychom deset rozdílných verzí. Během regresí se dosud ani jednou nestalo, že by nějaká pokusná osoba líčila něco, co by se od výpovědí ostatních podstatně lišilo.

Z těchto důvodů budiž mi dovoleno vyslovit několik myšlenek o důsledcích, které z experimentálních údajů nezbytně vyplývají.

Pro rodiče je důležité si uvědomit, že jejich dítě od okamžiku zplození vládne plným vědomím, vnímá všechny dojmy a musí je zpracovat. Vědomí je tu už tehdy, kdy se ještě nedá dobře mluvit o těle. Při plození vzniká první trauma, nepanuje-li mezi rodiči harmonie, jeden z nich je opilý, nebo se matka touží zbavit manžela. Totéž vzniká řečmi po pohlavním styku, mluví-li partneři o strachu z dítěte, nebo si přejí určité pohlaví.

Dojde-li k početí, začíná tělesný život budoucího dítěte. Od prvního dne spoluprožívá to, co se děje. Prožívá matčinu radost i její šok, zjistí-li, že je těhotná. Prožívá ze své perspektivy každý pohlavní styk. Četné sexuální problémy a úchylky mají svůj počátek zde. Vedle nebezpečí, že se rodiče dopustí v této době velkých chyb z nevědomosti, je tu současně šance začít s výchovou dítěte. Předhistorická výchova je už dávno známá, dosud se však ve větší míře neprosadila. Během těhotenství je velmi důležité, aby matka se svým plně uvědoměným dítětem v děloze mluvila, měla by se v této době zabývat výlučně hezkými věcmi, poslouchat dobrou hudbu, číst dobrou literaturu apod. Měla by se držet stranou všech vzrušení a ohavných smyslových dojmů. Sotva se dá dostatečně zdůraznit, jak neblaze působí na dítě hádající se rodiče.

Pokud rodiče už v této době dítě „dobře vychovávali“, mohou doufat v plynulý a bezproblémový porod. Ten je ovšem okamžikem, v němž se dnes obvykle postupuje špatně ve všem, co jen lze špatně udělat. Počínaje umělým vyvoláním porodu, které musí nezbytně odporovat přirozenému kosmickému rytmu, až k uspané matce prožívá dítě jeden šok za druhým. Žádný div, že hlasitě řve. Označovat tento řev za projev jeho dobrého stavu je vrcholem vší ironie. Je-li dítě přivedeno na svět správně, nekřičí, ale směje se. Všechny nastávající matky by měly povinně nejdřív prožít vlastní porod, aby se uměly vcítit do hlediska svého dítěte.

Devět měsíců bylo mírně kolébáno v tmavé, stejnoměrně teplé dutině, a tu náhle cítí, jak se pupeční šňůrou tlačí do jeho těla divný jed. Porod může začít. Venku ho uchopí cizí velké ruce, vysoko zvednou, uštědří mu ránu, odříznou pupeční šňůru – je tu světlo a chladno a dítě teď musí žít samo – od minuty k minutě. Je odloženo stranou, svou matku, která je nejspíš dosud v narkóze, sotva spatří, otce také nikde nevidět, velmi milá, ale také velmi cizí porodní asistentka je pak kamsi odnese.

Jestliže všechny děti přicházejí na svět tímto způsobem, nemůžeme se divit, že dnes máme tolik neurotiků. Sklízíme jen to, co jsme zaseli. Přece však jeden lékař pochopil, co se při porodu děje a co se při něm natropí. Je to francouzský lékař MUDr. Leboyer z Paříže, otec tzv. přirozeného porodu. Vyvinul takový porodní postup, při němž se všechna tato traumata dítěte (i matky) odstraní. V dobře zatemněné místnosti přivedou matky v úplném klidu své dítě na svět. Hned, jak se dítě narodí, je položeno na matčino břicho a matka položí své ruce na dítě. Matka a dítě zůstávají spojeny pupeční šňůrou. Otec je samozřejmě přítomen. Všechno se děje pomalu a přirozeně, všechny náhlé změny pocitů jsou vyloučeny. Dítě pouze změnilo svou polohu z vnitřní na vnější – jinak nenastaly žádné změny. Po jisté době je pupeční šňůra zvolna stahována k matce, až je srdeční tep stále volnější, v okamžiku, kdy utichne, je šňůra přestřižena. Bez plácnutí na zadeček se v dítěti samostatně a pomalu rozběhne vlastní rytmus.

Ačkoli je přirozený porod podle dr. Leboyera ideální metodou, jak správně dítě porodit, lékařské kruhy stále váhají tuto myšlenku přijmout. Proto je věcí rodičů, aby trvali na své představě, jak bude jejich dítě přivedeno na svět. Ačkoli pro většinu rodičů je zatím nesplnitelné umožnit jejich dítěti přirozený porod, mělo by být zdůrazněno alespoň pár bodů:

Otec by měl být bezpodmínečně při porodu. Porod by nikdy neměl probíhat pod narkózou. Jakékoli injekce by měly být omezeny na absolutní minimum. Pokud možno by se mělo zabránit umělému vyvolání porodu. Jestliže to jinak nejde, měly by se použít akupunktura, homeopatie, případně ještě infuze, nikdy však medikamenty nebo manuální zásahy. A mělo by se trvat na tom, aby dítě hned po porodu bylo odevzdáno do matčina náručí.

K těhotenství patří problém jeho přerušení. Spory o příslušný paragraf jsou stále aktuální a člověk žasne, jaké argumenty v diskuzi padají. Přitom je problém naprosto jednoduchý. Zbaví-li se matka v třetím měsíci dítěte, postupuje stejně, jako by zabila své pětileté dítě. Není žádný rozdíl mezi vraždou dítěte v matčině těle a vraždou mimo ně. Právě tak málo ospravedlňuje posuzování rozdíl ve velikosti živé bytosti, jinak bychom museli v budoucnu určovat trest za vraždu podle tělesné váhy. Přitom mně vůbec nejde o to, zda vyhnání plodu je něco „zlého", či nikoli. Důležité se mi zdají pouze důsledky v myšlení. Sjednotíme-li se na tom, že potrat je dovolen, nemůžeme pak povykovat, když jsou zabíjeni více či méně dospělí. Žijeme však v převráceném světě a považujeme jej za normální. Přestárlí lidé jsou na klinických jednotkách intenzivní péče uměle udržováni při životě, přesněji formulováno: je jim brutálně bráněno umřít, zatímco embryím je bráněno žít.

Aby mi bylo dobře rozuměno: nejsem bezpodmínečně pro to, aby ženy a lékaři byli za potrat tvrdě trestáni. Každý musí být za to, co dělá, sám zodpovědný. Kdo znemožňuje tělesný život, staví se proti zákonitosti. Určil obsah a musí jeho formu nějak naplnit. Ostatní tu nejsou proto, aby se starali o potrestání. To platí pro všechna další provinění až po vraždu. Zakazuje-li potrat zákon, je to v nejlepším případě pokus, jak chránit lidi před jejich vlastní hloupostí.

Příroda poskytuje člověku volbu jednat správně, nebo špatně, zákonitě, nebo proti zákonu – tuto možnost volby bychom měli respektovat. Neměli bychom však jasný a věcný obsah tak dlouho překrucovat, až se z potratu stane nová etika. Slyšel jsem, že v některých zemích jsou lékaři k přerušení těhotenství dokonce nuceni. Dokud vidíme svět takový, jaký je, a vědomě se rozhodujeme, nelze nikomu nic vyčítat. Život je naštěstí nezničitelný. Člověk má pouze moc měnit hmotu – a ani to neumí pořádně.

Narození a smrt jsou dva aspekty jedné a téže věci. Jakmile se člověk narodí, jedinou jistotou jeho života je to, že zemře. Každé narození je současně smrtí, každá smrt současně narozením. V obou případech opouštíme jeden stav bytí, abychom jej zaměnili za jiný. Většina lidí má z umírání hrozný strach. Právě tak se mnozí obávají narození. Například takovýto odposlech:

P: Jsem v nějaké velké jeskyni.
H: Cítíš se dobře?
P: Ano, je tu teplo a vlhko.
H: Chceš tu zůstat věčně?
P: Ne.
H: Co se s tebou děje?
P: Budu muset odtud ven.
H: Kam?
P: Musím – musím opět na zemi.
H: Těšíš se na to?
P: Ne.
H: Právě se rodíš, co se děje?
P: Tiskne mě to a tlačí – takový pocit – budu muset odtud pryč.
H: Je ten pocit hezký?
P: Ne.
H: Máš strach?
P: Ano.
H: Z čeho?
P: Tohle zátiší – musím z něho ven – něco do mě strká – něco mě víc a víc tiskne – náhle vidím světlo – je chladněji a chladněji a chladněji – ocitám se v nějaké místnosti, velké studené místnosti, je stále jasněji – jasněji a chladněji – právě jsem se narodila.
H: Jsi na světě. Víš, co bude dál?
P: Ano, musím žít.
H: Těšíš se na to?
P: Ne – ale musí to být!

Pro srovnání líčení porodu jiné pokusné osoby:

P: Nechci ven, ale musím, ale já nechci.
H: Proč?
P: Venku to není dobré.
H: Popiš své vjemy, jaké to je?
P: Hezké – je tu ticho a bezpečí.
H: Co vidíš?

P: Vidím – nic, cítím teplo – klid.
H: Co tvá chuť?
P: Chutná to – hodně sladce – nevím, jak se tomu říká.
H: Zaměř se od začátku do konce na svůj porod a popiš jeho průběh – právě se rodíš.
P: Je tu – chtěla bych tu zůstat. Ale teď musím ven. Je to zvláštní – ano, teď je trochu jasněji – rozjasňuje se – něco mě táhne – ne – ne, nechci – nechci!
H: Co pociťuješ?
P: Všechno je takové – někdo mě chytá – už jsem venku – z toho bezpečí – je to docela jiné.
H: Jaké to je? Popiš svoje vjemy!
P: Drží mě – cítím velké ruce, cosi – chytá mě – je tu jinak – světlo – ale já nic nevidím – jen cítím.
H: Proč nemůžeš nic vidět?
P: Nevím, vidím všechno jako v mlze – potom –
H: Tak, rozhlédni se, jak ta místnost vypadá?
P: Nemohu nic rozeznat – všechno je moc světlé – vzdálené –
H: Co se děje teď?
P: Někdo mě opět bere a pokládá mě – na nějaké – nevím, jak se to jmenuje – nějaké lehátko – a teď mě opět zvedá.
H: Existuje nějaký moment, který ti při porodu vadil?
P: Já – nechtěla jsem tu skrýši opustit.
H: Je tu něco, co bylo uděláno špatně?
P: Ne.
H: Vrátíme se o něco zpět. Zaostříme na časový úsek před narozením, kdy jsi byla ještě v skrýši. V onom časovém prostoru mezi početím a narozením. Najdi nějaký pronikavý okamžik. Nějakou událost, která vyvolala silný pocit.
P: Vím, že musím přijít na svět – ano, vidím svůj život před sebou – ale nechce se mi na svět. Proč tam znovu musím? Co jsem provedla?
H: Proč ses musela znovu narodit?
P: Nevím – byl tu nějaký moment – teď mám strach – strach ze života.
H: Proč?
P: Protože bude moc těžký.

V příkladech by se dalo libovolně pokračovat. Porod znamená pro embryo konec života. Je zcela přirozené, že má smrtelný strach. A přece právě tak málo jako narození ukončuje vlastní život, ukončuje život člověka i jeho smrt. Má sice z tohoto kroku velký strach, ale jakmile zemře, cítí se najednou v tom novém stavu nekonečně blaženě.

Umírání označuje časový bod úplného odpoutávání astrálního těla od fyzického. Vědomí, identita vlastního já a všechny smyslové vjemy jsou v astrálním těle. To je tělem psychiky. Protože všechny smyslové vjemy leží v astrálním těle, člověk po opuštění těla vidí a slyší stejně jako předtím. Je to opět jeden ze zatvrzelých omylů naší doby, pohlížíme-li na smyslové vjemy jako na produkty našich tělesných smyslových orgánů. Smyslové orgány našeho těla jsou jen hmotným ekvivalentem psychických smyslových vjemů.

Nemusíme nejprve umřít, abychom získali tuto zkušenost. Určitými cvičeními je možné naučit se technice astrálního putování. Rozumí se tím vědomé opuštění materiálního těla. Vnímání vlastního já leží zcela v astrálním těle, můžeme proto při tomto opuštění vidět své tělo zvenčí. Je mnoho lidí, kteří tuto zkušenost získali spontánně i bez tréninku – často takové překvapivé opuštění vyvolá strach. Kdo si neumí průběh astrálního putování představit, a proto tomuto tvrzení nevěří, musí si dát tu práci a vědomé vystoupení se sám naučit. Potom bude z vlastní zkušenosti vědět, že člověk nevidí tělesným okem, neslyší uchem a nemyslí mozkem.

Při všech stavech bezvědomí vystoupí astrální tělo. Proto člověk během bezvědomí všechno vidí a slyší. Pod hypnózou je možné uvědomit si celou operaci. Kdyby lékaři věděli o tom, co narkotizovaný člověk vnímá, byli by jistě ve svých poznámkách a rozhovorech při operaci a krátce po ní opatrnější. V tomto stavu vklouzne každé slovo tak jako při hluboké hypnóze nerušeně do podvědomí pacienta jako sugesce. Drobné poznámky jako: „To vypadá nebezpečně,“ nebo: „To bude doba, než se to zahojí,“ rozhodují o dalším zdraví pacienta. Právě tak dobře by ovšem bylo možné pozitivní sugescí zkrátit pooperační léčbu o polovinu.

Jako příklad, jak člověk prožívá stav bezvědomí z perspektivy astrálního těla, uvádím zde výňatek z jednoho reinkarnačního protokolu. Událost se odehrála v roce 1850 u Bodensee:

P: Měla jsem nehodu.
H: Vraťme se v čase k této nehodě. Vyprávěj, co se stalo. Kde jsi, co se děje?
P: Ano, ale když se to nedozvědí sestry. Sestry se to nesmějí dozvědět.
H: Co se nesmějí dozvědět? A proč? Že máš mít dítě?
P: Ne, to se nesmějí dozvědět. Jinak se to dozví i můj otec.
H: Ano, tak pověz, co se děje?
P: Ano, mám přítele a myslím, že s ním budu mít dítě. Jednou večer, když jsme se sešli, jsem mu to řekla. A on řekl dobře, setkáme se u jezera.
H: Kdy, tentýž večer?
P: Ne, o dva dny později.
H: V kterou dobu?
P: V pět hodin večer.
H: Jaký je právě měsíc?
P: Září.
H: Kolikátého září?
P: Kdy máme schůzku u jezera? 18. září.
H: Kterého roku?
P: 1850.
H: Setkáváte se u jezera. Jste na tom domluveni.
P: Ano.
H: Vyprávěj, jak to probíhá.
P: Ano, přicházím k jezeru, on už tu sedí, a já jdu k němu. Musel mě slyšet, vstává, otáčí se a dívá se na mě. V tváři má krutý výraz, dostávám hrozný strach, chce mi provést něco ukrutného.
H: Co se děje?
P: Dává mi ruku kolem ramen a otáčí mě, nevím, co je, ale každopádně se vracím. Má v ruce nějaký těžký předmět. Nevidím přesně, co to je. Jde to moc rychle.
H: Co jde rychle, co se děje pak?

P: Rozmáchne se a uhodí mě přímo do hlavy. Ta se mi zatočí a spadnu do vody.

H: Do vody?

P: Ano.

H: Hluboké?

P: Nevím, cítím jen to mokro.

H: Co je dál? Zkus to zcela přesně vylíčit. Co se děje dál? Jsi ve vodě?

P: Předtím jsem viděla ještě nějakého muže. Staršího muže. Jsem ve vodě a nic nevidím. Pak se náhle vynořím a vidím tam stát svého přítele. Taky si všiml, že je někdo nablízku, a něco odhazuje.

H: Co to je?

P: Nějaká hůl, takový kyj, celý zamazaný od krve. Odhazuje ho. Přiběhne ten druhý muž, vidí moje tělo ve vodě a vytáhne je ven. Špatně vidím, celý obličej je od krve, na hlavě mám otevřenou ránu a z ní teče krev. Vytáhne mě ven, položí mě, složí mi ruce přes sebe a běží pryč, utíká docela rychle, ačkoli je už dost starý.

H: Kde je tvůj přítel, také utekl?

P: Ano, ale neběží za ním, utíká jiným směrem.

H: Ano, jak je to dál?

P: Vidím tu ležet své tělo. Stále víc se vzdaluje.

H: Tělo?

P: Ano.

H: Klidně se na ně podívej, jak je to dál?

P: Je stále nezřetelnější. A pak náhle cítím... někdo přibíhá. Nějaký muž s kárnou. Prázdný vůz na seno, na něj mě pokládají, velmi opatrně, na podušky a deky.

H: Je tu jenom ten jeden muž, nebo jich tu je víc?

P: Jsou tu dva muži. A pak mě vezou k lékaři.

H: Ano, a co dělá?

P: Nevím, bolí mě hlava.

H: Teď nebudeš bolest hlavy tolik cítit a řekneš mi, co bylo dál. Jen pozorovat, nic necítit. Odstraním tvou bolest hlavy a ty mi řekneš, co vidíš.

P: Ano.

H: Cítíš ulehčení?

P: Ano. Nevím. Obvazuje mě a říká, že nejdůležitější je zastavit krev, že krev nesmí dál utíkat. Mám obrovský fáč kolem hlavy. A tabletky.

H: Jsi už při vědomí, nebo pořád v bezvědomí?

P: Jsem opět trochu při tom.

H: Říkáš už něco? Mluvíš s lékařem?

P: Ne, říkám jen, že to moc bolí, moc bolí.

H: Slyšíš, co se říká? Povídá ten muž, co tě našel, něco lékaři? Říká, co se ti stalo?

P: Ne, říkají, musíme ji dopravit do nemocnice. To ale trvá – to trvá dlouho. Musí to být co nejrychleji.

H: Jak tě tam vezou?

P: Velkým kočárem.

H: Jedou daleko?

P: Ano, připadá mi to dlouho, pak jsem v nemocnici, tady mě pokládají na postel a dávají další tablety, ne – sundávají mi obvaz a něco sešívají.

Tato pokusná osoba líčí velmi pěkně, co prožívá v bezvědomí. Vidíme, že má smrt na jazyku, když říká: „Vidím tu ležet své tělo. Stále víc se vzdaluje. Je stále nezřetelnější." Kdyby se nic dalšího nestalo, nastala by podle všeho smrt. Odpoutala by se od svého těla natolik, že už by se nemohla vrátit. Díky muži, který ukládá její tělo na vůz, je astrální tělo „náhle" opět přitaženo do tělesné blízkosti – je dána možnost dalšího života.

Jsou vědci, kteří sbírají zprávy lidí, kteří už byli ve stavu klinické smrti a pak byli opět přivedeni k životu. Všechny tyto zprávy jsou podobné. Nikdo dosud neprohlásil, že být mrtev je něco nepříjemného. Sama skutečnost, že je tu vůbec nějaká výpověď, dokládá samostatnost vědomí, které může existovat i bez těla. Jako nepříjemné je většinou pociťováno „volání po návratu".

Naše doba a kultura vyvinuly fanatizmus udržovat člověka při životě a bránit mu umřít. V čem je hlubší příčina tohoto nepřirozeného a protismyslného postoje? Tento vývoj pokročil tak daleko, že jedinec ani nemá možnost bránit se proti nákladným oživovacím experimentům. Moderní jednotky intenzivní péče jsou pod prestižním tlakem něco dokázat. Umírající se stává obětí medicínské snahy o úspěch. Skutečnost, že je něco možné, se stává důvodem jednání. To není řízeno nezbytností, ale funkcionální snahou o pokrok. Medicína už tu není pro člověka, ale člověk pro medicínu. Staří lidé v domovech důchodců vytvářejí zájmové skupiny a pokoušejí se s pomocí právníků ubránit, aby je v kritických případech neumisťovali na jednotku intenzivní péče.

Dokážu si pozadí takového vývoje docela dobře vysvětlit. Vinou materialistického pojetí světa je člověk stále více zbavován přirozeného chápání smrti jako rytmického přechodu do jiné roviny bytí a to je nahrazováno tvrzením, že „smrtí všechno končí“. To způsobuje křečovité lpění na životě a panický strach z nicoty. Tento nepřiznaný smrtelný strach pak projikuje jeden na druhého. Každý smrtelný případ, každé smrtelné ohrožení se stává projekční rovinou vlastního strachu. Smrt někoho jiného připomíná vlastní, obávanou smrt, stále více zpřítomňuje vlastní ohrožení.

Neboť člověk, který se se smrtí nevyrovnal, obvykle ji potlačí a žije s pocitem, jako by měl žít věčně. Každý případ smrti jej vytrhne z této iluze. Strach roste. Tím, že se pokouší zachránit před smrtí někoho jiného, chce zbavit vlastní strach před smrtí jeho výhrůžnosti. Člověk chce s ohledem na sebe samého zjistit, že se dá proti smrti něco dělat – že jí není vydán napospas. Pokus zachovat život za každou cenu je ve skutečnosti pokusem udržet vlastní iluzi před zničením. Tak se stává záchrana životů sportovním výkonem, ne náhodou se mluví o „závodech se smrtí“.

Takové jednání se nedá sloučit s reinkarnačním myšlením. Sledujeme-li kultury, v nichž je myšlenka na znovuzrození hluboce zakotvena, vidíme docela jiný vztah ke smrti. Evropané nedokážou pochopit, jak Indové nechávají lidi umírat. Pro hinduisty tak jako pro buddhisty nejsou ovšem narození a smrt ničím zvláštním. Vědí o cyklické dráze života, cítí se podřízeni vyšší zákonitosti, aniž by se pokoušeli vlastní přičinlivostí vnucovat přírodě směr, který považují za nejlepší. Tento vnitřní klid umožňuje dělat v okamžiku smrti to jediné, co je nezbytné: pomoci umírajícímu zemřít. Zrození také koneckonců pomáháme a nesnažíme se vrátit dítě do matčina lůna. Proč by tomu mělo být u umírajícího naopak? I zde je nutno se zasazovat o to, aby se umírajícímu ulehčilo odpoutání od materiálního světa a umožnilo zrození v onom světě.

Všechny mé pokusné osoby prožívají při sezeních opakovaně svou smrt ve všech detailech. Tím pak mají nový postoj jak k životu, tak ke smrti. Učí se zařadit svůj život do širších souvislostí, aniž by přitom prchali před přítomností. Kdo vidí do svých inkarnací, pochopí důležitost, jak Tady a Teď správně žít.

Slečna M., stará dvacet let, studentka, od níž pochází poslední zpráva, sleduje do všech podrobností své čtyři „předživoty“. V jednom z posledních sezení jsme se pokusili vnímat řetěz těchto inkarnací jako jeden celek. Zde je výňatek z onoho sezení:

H: Postoupíme ve tvém životě až k příští větší události.
P: Mám dost vysokou horečku.
H: Co ti chybí?
P: To nevím.
H: Přišlo to náhle?
P: Ano.
H: Jak jsi stará?
P: Je mi špatně – musím umřít.
H: Jak jsi stará? Který rok píšeme?
P: 38 – 1668.
H: Co se děje?
P: Lomcuje mnou pořád horečka – budu muset umřít, ale nechci opustit svého muže. Ne – nechci, aby zůstal sám – klečí vedle mne – všechno je tak hrozivé.
H: Co je hrozivé?
P: Ta místnost – všechno je černé – ne, ne, nechci!
H: Jak to pokračuje? Povídej!
P: Nevím – silný tlak, hodně silný tlak, pak mě někdo objímá – něco mě vynáší vzhůru – vidím se, jak tu ležím.
H: Co ještě vidíš?
P: Svého muže.

H: Co pociťuješ, co cítíš?
P: Je mi líto, že tak truchlí, ale není to nic platné, bude se s tím muset smířit.
H: Jak je ti?
P: Dobře.
H: Máš nějaké bolesti nebo potíže?
P: Ne.
H: Kde jsi?
P: Jsem prostě tady.
H: A co vidíš, když říkáš, že se vidíš? Co vidíš?
P: Své tělo.
H: A kde jsi? Už nejsi v těle?
P: Ne.
H: Co pociťuješ vůči svému tělu, jaký máš k němu vztah?
P: Vůbec žádný – bylo pro mě nutné, ale teď už k němu nemám žádný vztah.
H: Vidíš v dalším čase ještě něco? Co s tím děním souvisí, třeba pohřeb nebo něco takového?
P: Ano, ano, pochovávají mě – v zahradě – ale je to nezřetelné.
H: Jak se cítíš teď?
P: Velmi dobře.
H: Máš nějaká přání?
P: Ne.
H: Jak to půjde dál? Zůstaneš tady?
P: Ne, nemohu tu zůstat.
H: Proč ne? Nelíbí se ti tu?
P: Líbí – ale musím ještě jednou zpátky na Zemi – ještě jsem nenaplnila svůj osud.
H: Dá se naplnit?
P: Ano.
H: Přijdeš tedy ještě jednou na svět?
P: Ano.
H: A pak jej naplníš?
P: Ne.
H: Těšíš se na to, že přijdeš znovu na svět?
P: Ne.
H: Proč ne?

P: Protože to pro mě bude těžké, musím bojovat, nebude to dobré, ne tak dobré jako tady.

H: Jak jsi spokojena se svým posledním životem? Dělala bys něco z nynějšího hlediska jinak? Myslíš, že jsi udělala nějakou rozhodující chybu?

P: Ne, ale hodně malých chyb.

H: Na co by sis z nynějšího pohledu dávala pozor, kdybys mohla svůj život ještě jednou prožít?

P: Pokoušela bych se mít o lidech lepší mínění, mít je ráda takové, jací jsou.

H: Budeš tak jednat ve svém příštím životě?

P: Ne.

H: Postoupíme v čase kupředu, až k okamžiku, kdy znovu přijdeš na svět.

P: Silný vír.

H: Co se s tebou děje?

P: Nějaká síla mě táhne dolů. Pořád dál a dál, nemohu to vysvětlit. Velká propast, která mě stahuje. Pak je všechno pryč. Je to, jako bych byla nějaká koule, kterou tisknou dvě ruce. Jsem stále menší a menší. Pak je zase všechno ve víru a ten mě stahuje. Teď už je všechno pryč.

H: Teď se cítíš dobře?

P: Ne, vím, že teď musím žít nějaký život.

H: Po několika měsících se tedy narodíš?

P: Ano.

H: Přicházíš na svět, řekni mi rok!

P: 1834.

H: Jsi opět na světě, rosteš, jsi stále starší, ano?

P: Ano.

H: Jak se jmenuješ?

P: Anna.

H: Kolik je ti teď let?

P: Patnáct.

H: Jdeme dál, je ti dvacet, třicet, čtyřicet.

P: Ano.

H: Jdeme ještě dál, až k okamžiku, kdy ukončíš i tento život. Co se děje?

P: Mám silné bolesti hlavy, budu muset umřít.
H: Projdi touto událostí a řekni, co se děje.
P: Náhle je všechno lehké. Nic už necítím.
H: Můžeš mi říct datum?
P: 21. prosince 1893.
H: Jak se cítíš teď?
P: Dobře, lépe než předtím.
H: Když se ohlédneš, co můžeš říct o tomto životě?
P: Nebyl hezký.
H: Naučila ses něco?
P: Ano, hodně.
H: Zůstaneš teď tam, kde jsi?
P: Ne, nemohu tady zůstat, musím se ještě hodně učit.
H: Udělala jsi nějakou větší chybu v uplynulém životě?
P: Ano.
H: Jakou?
P: Měla jsem akceptovat svého muže.
H: Jdeme dál, až se na tvém nynějším stavu něco změní. Co se děje?
P: Tah – dostanu opět nějaké tělo.
H: Jak to pokračuje, kdy přijdeš znovu na svět?
P: 12. června 1918.
H: Jsi větší a starší, je ti už deset let, jak se jmenuješ?
P: Varič.
H: Jdeme dál tvým životem a zastavíme se u jeho konce. Kde jsi?
P: V Kolíně a chci si obstarat něco k jídlu. Náhle je letecký poplach. Moc se tu nevyznám a ani nevím, kde je tu bunkr. Sirény ječí – a hukot, příšerný, hlasitý hukot – a pak letadlo – náhle se všechno kolem mě řítí – domy se řítí – musím odtud pryč, musím pryč. Utíkám a utíkám a nedokážu běžet tak rychle jako ostatní – najednou je všechno takové – takové – mám strach – a pak se vedle mě zřítí dům, cítím silnou bolest – nějaký kámen mě trefí přímo do hlavy – náhle je všechno – všechno pryč – všechno se stává lehčí – odpoutávám se – ztrácím tvar – nemám už žádné tělo – mé tělo leží tam – nemám už žádný vztah k tomu tělu.

H: Ale můžeš je vidět?
P: Ano – leží pod kamením.
H: Jak je ti teď?
P: Dobře.
H: Máš ještě bolesti?
P: Ne.
H: Co ještě cítíš?
P: Necítím žádné dimenze, všechno je úplně harmonické – cítím se velmi dobře, nechtěla bych nikdy zpátky.
H: Život leží za tebou, ano?
P: Ano.
H: Ohlédni se, jaký to byl život?
P: Jsem ráda, že už je pryč, měla jsem hodně bolestí.
H: Naučila ses něco?
P: Ano, hodně.
H: Co ses především naučila?
P: Akceptovat se taková, jaká jsem.
H: Dělala jsi chyby?
P: Ano.
H: Jaké?
P: Neměla jsem si nechat vzít dítě.
H: Přijdeš znovu na svět?
P: Ano.
H: Těšíš se na to?
P: Ne, ale je dobře, jak to je.
H: Jdeme dál, až se opět něco změní, co se děje?
P: Něco mě táhne – dostávám tělo.
H: Jsi v mateřském těle?
P: Ano.
H: Za nějaký čas se narodíš, kdy to je?
P: 15. května 1955.
H: Přicházíš na svět, jsi větší, starší, postupujeme časem až k roku 1975.

Konec jako začátek

Narození a smrt jsou totéž. Každý konec je zároveň začátkem. Kéž by i závěr této knihy znamenal pro mnohé začátek nového myšlení. Žijeme v čase duchovního zlomu. Mládež se začíná nově orientovat. Stále více lidí přesycených vymoženostmi Západu se otvírá duchovním hodnotám. Kyvadlo se vrací. Poté co východní země se svou vysokou duchovní kulturou stále více přebírají západní myšlení, začínáme my na Západě přebírat moudrosti Východu.

Bylo by ovšem omylem myslet si, že pouze Východ má fungující ezoteriku a že bychom proto měli bezpodmínečně studovat jógu, meditaci, zen a I-ťing. Západ se vyznačuje stejně pozoruhodnou ezoterickou tradicí. Západní ezoterika spočívá v podstatě na čtyřech sloupech: astrologii, kabale, alchymii a magii. Západní systém není ani lepší, ani horší než východní ezoterika, ale vznikl v našem kulturním okruhu a je nám v mnoha ohledech bližší. Uzrál čas, aby tato oblast nebyla ponechána jen fantastům a snílkům, kteří v minlosti pověst těchto disciplín ve veřejnosti velmi poškodili.

Vyjdeme-li z tohoto poznání, měli bychom nyní i na Západě začít rozvíjet psychologii – neboť Západ dodneška žádnou opravdovou psychologii nemá. Jediným plodným podnětem byla doposud analytická psychologie C. G. Junga – byla ovšem svého času o tolik vepředu, že nebyla pochopena. Jung velmi jasně poznal, ke kterým pramenům se musíme vrátit, abychom nějakou psychologii mohli vystavět: studoval východní nauky,

I-ťing, ale především astrologii, alchymii a tarot. Zdá se, že toto zaměření mu dosud nebylo odpuštěno.

Člověk se nejraději učí utrpením. Duševní bída lidstva se pomalu tak prohloubila, že se otevřely šance pro nové myšlení. Reinkarnační nauka tu představuje ústřední bod, neboť otvírá zcela nový postoj ke světu a jeho dění. Teprve když přehlédneme celek, můžeme správně ocenit a zařadit jednotlivosti. Naším úkolem je rozvoj, naším cílem je plně uvědomělý člověk. K tomu je však třeba nejprve procitnout. Téměř všichni lidé spí a nevědí o tom. Jsou to stroje poslouchající den za dnem implantovaný program, mechanicky, automaticky – a současně se utěšují iluzí, že jsou svobodní.

Kdo však spí, nemůže poznat, že spí. Musí nejprve procitnout, aby poznal, že spal a že spí i všichni ostatní. Gurdjieff, jeden z největších magiků a ezoteriků naší doby, říká: „Ale dvě stě uvědomělých lidí, kdyby existovali a považovali to za správné, mohlo by změnit celý život na Zemi. Ale buď jich není tolik, nebo nechtějí, nebo ještě nepřišel pravý čas, nebo ostatní lidé spí příliš pevně.“

Je zajímavé sledovat, jak se lidé zlobí, jestliže jim někdo demonstruje, že jsou jen automaty. Hypnóza umožňuje pochopit to během normálně probíhajícího programu a nahradit to něčím jiným. Můžeme tak v hypnóze vázat libovolné procesy jednání na určitý signál a tuto sugesci nechat proběhnout teprve posthypnoticky, tj. po hypnóze. Až dotyčný plně procitne, bude na sjednaný signál odpovídat podle vsugerovaného programu. Jsou to například takovéto signály: „Až lusknu prstem, nebudete moci pohybovat pažemi,“ nebo: „Když zapálím cigaretu, uvidíte v místnosti Ježíška,“ nebo: „Při určitém slově obejmete všechny přítomné.“ Při takových experimentech se fantazii meze nekladou.

Takové posthypnotické povely jsou v hypnóze vloženy do nevědomí a vyvolány signálem teprve v bdělém stavu. Dotyčný pak jedná zcela automaticky podle sugesce, i když je jeho chování nevhodné či nelogické. Pokud tak jedná, nedokáže vnímat, co se s ním děje. Jestliže se ho pak na to ptáme a chceme vědět, proč to dělal, většinou se pokouší najít nějakou logicky znějící odpověď a bude nás ujišťovat, že to vše dělal dobrovolně. Tomuto procesu, dát dodatečně zdůvodnění nějakému jednání, které proběhlo samo od sebe, říkáme „racionalizace“.

Pro diváky jsou takové experimenty často velmi zábavné, ale sami pak velmi brzo reagují agresivně. Začnou diskutovat o nezodpovědnosti a nebezpečnosti hypnózy. Když před nějakou dobou německá televize vysílala hypnoshow s podobnými experimenty, byla reakce publika neslýchaně negativní.

Prohlašovali prostě všechno za podvod a klam. Někteří zdůrazňovali nezodpovědnost a možná nebezpečí. Tyto reakce se dají pochopit jako sebezáchovný odklon od výpovědi, kterou tato show odkryla. Experimentálně totiž ukázala, že člověk je stroj a jeho program může být libovolně změněn. Normální lidské jednání se po psychologické stránce v ničem neliší od jednání hypnotizovaného diváka, který na základě posthypnotického povelu začne najednou v bdělém stavu s břišním tancem.

Taková show je karikaturou lidského chování. Karikovaný reaguje většinou poněkud zle. Avšak místo toho, aby pochopil, že člověk se konstantně nachází ve spánku podobném hypnóze a následoval vyzvání, aby konečně procitl a vše si uvědomil, upne se raději na své staré iluze a projikuje svůj strach navenek, na hypnózu a hypnotizéra. Spatří se v zrcadle a nadává na ně pro to, co v něm vidí. Procitnout znamená ovšem především opustit naše dosavadní fixace a ve všech oblastech se zásadně přepólovat.

Důsledné přepólování je jedním z nejlepších, nejrychlejších a nejjistějších prostředků jak procitnout a rozvíjet se. Představím tento princip na zákonu trojúhelníku. Každé mínění, každý názor, každé hodnocení, které zaujmeme, je fixací na jeden pól skutečnosti. Skutečnost má však vždycky dva póly a jen oba póly společně vytvářejí celek. Dokud zastáváme určité pojetí, ulpíváme na jednom pólu, jsem např. pro A a proti B:

+	−
×	×
A	B

Přepólování znamená být od nynějška také pro B a proti A. Pokud jsme dosud přihlíželi pouze k argumentům hovořícím pro A, hledáme nyní výlučně argumenty, které mluví pro B a proti A. Za jistou dobu má bod B stejnou váhu jako bod A. Nemůžeme se rozhodnout, co je lepší a správnější. V tuto chvíli se stane něco zcela mimořádného: poznáním obou pólů se sám od sebe vynoří nový, třetí bod C, z něhož můžeme náhle A i B vidět a pochopit jako celek:

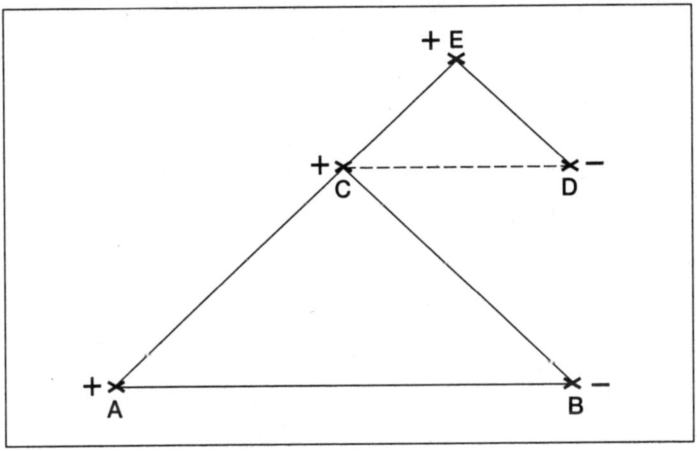

Dosažení bodu C znamená vývojový krok, který umožnilo jen to, že jsme se vzdali fixace na bod A. Nyní musíme znovu podstoupit tentýž proces: přepólovat se na bod D, abychom dosáhli bodu E. Tento princip udržuje učební proces v běhu a zajišťuje rozvoj. V zákonu trojúhelníku snadno rozpoznáme model: teze, antiteze, syntéza. Většinou bohužel zapomínáme uplatňovat tento zákon na všechny oblasti.

Hovořili jsme o životě a smrti a pokoušeli jsme se obojí přehlédnout jako jeden celek. K tomu jsme se museli přepólovat a zjistit: smrt je životem na onom světě a znamená být mrtvý na tomto – život a smrt jsou totéž, právě tak narození a umírání. Každé dveře jsou současně vchodem i východem – záleží jen na tom, z které strany je použijeme. Na konci této knihy odkážeme ještě jednou na začátek...

„Když lidé Země rozeznají všechnu Krásu jako Krásu,
zrodí se poznání Ošklivosti.
Když lidé Země rozeznají všechno Dobro jako Dobro,
zrodí se poznání Zla.

Proto:

Bytí a Nebytí na sobě závisí, pokud jde o vývoj,
Těžké a Lehké na sobě závisí, pokud jde o realizaci,
Dlouhé a Krátké na sobě závisí, pokud jde o protiklad,
Vysoké a Nízké na sobě závisí, pokud jde o polohu,
Vpředu a Vzadu na sobě závisí, pokud jde o společné místo.

Proto mudrc:

jedná bez činů,
káže beze slov,
všechny věci rostou, ale on se od nich neodvrací,
dává jim život, ale nevládne jim,
jedná, ale nic si nepřivlastňuje,
dokonává své jednání, ale nečiní si nárok na uznání,
a protože nevyžaduje žádné uznání,
nemůže být uznání zbaven.“

Lao'c

Doslov

Vědecký požadavek, který byl v této knize uplatněn, není malý: nejde o nic menšího než o experimentální důkaz nauky o znovuvtělení, o exaktní vědecký základ univerzálního obrazu člověka a světa, který doposud mohl být založen pouze na hodnověrnosti tradovaných zjevní. Nadto byl uplatněn ještě další požadavek: nutnost dobrat se psychopatologie spočívající na reinkarnační nauce. Úzkostné komplexy, sexuální anomálie, deprese, mánie a další funkcionální poruchy, které nemohou být dostatečně vysvětleny ze zkušeností a poznatků *tohoto* života, by mohly být plně vysvětleny a vyléčeny na základě odkrytí jejich příčin v dřívějších tělesných fázích individuálního života. I v tomto případě je mimořádností vědecký požadavek zastupující toto pojetí: magické teorie primitivních národů o původu duševních a tělesných nemocí nemohou pro osvícené současníky představovat žádné potvrzení vědecké zkušenosti. Jestliže totiž víra, že nemoci vznikají překročením různých tabu, vede v magickém myšlení příslušníků kmene v mnoha případech k existenci onoho sledu, nevidí v tom osvícený současník žádné potvrzení teorie, nýbrž sugestivní efekt, případně případ proroctví, které se samo naplnilo. Teorie pramenů traumat v dřívějších vtělovacích fázích, předložená Thorwaldem Dethlefsenem, umožňuje naproti tomu požadavek vědeckého přezkoušení a zdůvodnění. Orientovaná na zjednodušenou verzi psychoanalytické teorie o následcích psychických traumat postuluje možnost přezkoušet s použitím hypnoanalýzy léčivé účinky základních traumat neurotických reakcí, a sice v podobě osudových ran dřívějších fází ztělesnění.

Jak dalece může být tento požadavek naplněn?

Čtenář, který by si o tom chtěl vytvořit úsudek, najde pomoc v tom, že se bude důsledně držet podstatného rozlišení: rozdílu mezi jistými fakty a jejich většinou problematickým výkladem. Pokud jde o předložené skutečnosti, vykazuje Dethlefsenova kniha pozoruhodnou přednost, že ty jsou reprodukovány podrobně a nezkresleně v jednotlivých zprávách: tato fakta, třebaže odrážejí jenom sémantický obsah dialogů mezi Dethlefsenem a jeho médii, jsou velmi působivá. Zvukový film, který kromě toho reprodukuje i výraz a chování, by byl ještě působivější a přídavná registrace srdeční a dechové frekvence by bezpochyby potvrdila pravost citového výrazu. Nadto by se dala dokázat s pomocí fyziologických indikátorů i pravost hypnotického stavu, který pokusné osoby nemohou vědomě ovlivňovat. Údaje o tomto stavu mohou být při dalších pokusech potvrzeny. Jako očitý svědek četných pokusných sezení nepochybuji o tom, že se pokusné osoby skutečně nacházely v hypnotickém stavu, nehrály žádné divadlo ani nebyly Dethlefsenem připraveny nějakým nepřípustným způsobem.

Tato hypotéza je sice záležitostí interpretační roviny, ale její přezkoušení nemůže působit žádné potíže. Tisíce psychiatrů a psychologů, kteří ovládají techniku hypnózy, ji mohou přezkoušet. Vlastní potíže výkladu začínají teprve otázkou: „Jaký druh paměťového materiálu tu byl vyvolán?“ Byly to odezvy skutečných událostí, které se staly v dřívějších vtěleních, nebo to byla nevědomá přání či představy vyvolané ze strachu, které se s ostatním materiálem nahromadily v tomto životě: představy, které jsou v hypnotickém stavu, při odtržení od okolního vnímaného světa a pod vlivem zpřítomňující sugesce prožívány jako skutečnost, jako klasické halucinace?

Přistupme však nejdříve k reinkarnační hypotéze. Ta je sice dostatečně zřejmá, má však proti sobě řadu závažných argumentů, z nichž axiom, že zásobník paměti musí mít nějakou hmotnou základnu, např. mozek, nepatří k těm nejtěžším. Podstatně těžším problémem se jeví problém přenosu intelektuálních znalostí získaných v předešlých inkarnacích, pojmového a poznatkového bohatství, ovládání řeči, disponování početním, geometrickým, algebraickým a formálně logickým myšlením, schopnosti řemeslně-technicky orientovaného myšlení a řešení problémů, jakož i výsledky literárního, hudebního a uměleckého vzdělání zasahující hluboko do citového života.

Jestliže se z dřívějších vtělení přenášejí traumatizující zkušenosti, zpravidla ve formě fóbií a jiných neurotických symptomů, musíme předpokládat, že se zřetelem na evoluční charakter reinkarnace by se měly přenášet i pozitivní výsledky. Tento předpoklad se však bohužel nepotvrzuje. Jak prokázala zkoumání dvojčat, přenášejí se geneticky zcela rozdílné učební předpoklady, ale žádné *učební obsahy* (teorie dědičné paměti týkající se přenosu informací genetickým kódem se nevztahuje výlučně na učební obsahy, nýbrž na otevřené programy zpracování informací). Dosud si žádné dítě nepřineslo z dřívější inkarnace ovládání číselného prostoru a matematického myšlení. Zkušenost mnohokrát prokázala, že každé dítě při svém intelektuálním vývoji musí projít všemi vývojovými kroky v tomto životě a žádný nesmí přeskočit, má-li ovládnout početní, všeobecně *operativní myšlení*, což by se při znovuzrození osob, které ve své poslední inkarnaci absolvovaly povinné školní vzdělání, dalo předpokládat. Pokud vím, Dethlefsen vzal tento problém přinejmenším v potaz a uvažoval o provedení příslušných experimentů.

Nakonec se musíme také zeptat, jak je to s přenosem osobnostního jádra vytvářejícího hodnotový systém a sebeocenění: člověk zůstává zajatcem svých předsudků. Adolf Hitler i tváří v tvář smrti sestavil svou rasistickou závěť a adresoval ji německému národu. Jiní lidé, hledači pravdy jako např. Lev Tolstoj a Goethe, se vytrvale propracovávali různými vývojovými stupni svého hodnotového a světového názoru: co se z toho přeneslo do příštího života, kde začíná znovuzrozený Hitler, kde znovuzrozený Tolstoj, jestliže má v příštím životě pokračovat jejich individuální evoluce?

Těmto otázkám se nemůže reinkarnační teorie vyhnout ani

pokud jde o pokračování neuróz. Protože pro vývin nějaké neurózy není rozhodující jen emoční zatížení, nýbrž také nástroj pro obranné, zpracovatelské a ovládající možnosti a to i ono by se muselo přenést z minulých inkarnací. S ohledem na tyto těžkosti, které je nutno při formulování reinkarnační teorie řešit, měli bychom se nejprve poohlédnout po dodatečných důkazech, abychom reinkarnaci jako takovou s dostatečnou spolehlivostí prokázali. Přesvědčivé důkazy musí být principiálně dosažitelné ve formě historické verifikace reinkarnačního materiálu podle metod a kritérií platnosti historického bádání. Ve skutečnosti si některé z fází znovuzrození vyvolaných Dethlefsenem, které hrají svou roli v německém jazykovém prostoru 19. a 20. století, žádají právě toto ověření. Pro poctivost a přesvědčivost našeho badatele mluví to, že své hypotézy tomuto testu vystavil. Nemůžeme zamlčet, že výsledky zatím přinášejí jisté rozčarování a jeví se jako negativní.

Co by zůstalo z metody „hypno-katarzní regrese" v oné podobě, jakou jí dává Dethlefsen, kdyby se požadavek experimentálního důkazu znovuvtělení jevil jako přemrštěný a museli jsme se jej definitivně vzdát: jednalo by se pak ještě o vážně pojímanou psychoterapeutickou metodu, která je schopna prezentovat se prokazatelnými výsledky?

Tato otázka vede nezbytně k tomu, nač jsme se ptali již dříve: jaký druh paměťového materiálu je při reinkarnačních experimentech vyvoláván a jak se časově zařazuje do životního osudu. Podívejme se trochu blíže na fantazijní hypotézu, jak ji Dethlefsen sám vykládal. Uvádí, že se jedná o fantazijní obsahy, které byly nashromážděny v tomto životě a že působením časové regresní sugesce („vracíme se stále dál v čase") právě tak jako zpřítomňující sugesce („minulost se stává přítomností") či neustálých sugestivních údajů o časových souřadnicích („postoupíme o jeden rok kupředu" apod.) dochází k časovému uspořádání materiálu. Návaznost na sjednocený, nerozporný životní příběh by musela podle této hypotézy mít příčinu v běžných schopnostech realistické konfabulace, ve schopnostech, které nemusí být v hypnóze žádným způsobem omezeny a které citové prožívání zpřítomněných scén spíše podporuje.

Na dynamiku fantazijního života narazil již Sigmund Freud, jehož neurotičtí pacienti se v rámci standardní analýzy dostávali k afektované reprodukci sexuálních incestních scén: jejich prožívání bylo emočně tak opravdové a působivé, že se o autenticitě zážitků, které to způsobily, sotva dalo pochybovat. V průběhu dalších analýz se však ve většině případů ukázalo, že nejde o incestní zkušenosti ze skutečných událostí, nýbrž o incestní fantazie, které byly do značné míry poznamenány jazykovým a pojmovým světem dospělého neurotika.

V posledních dvou desetiletích se psychologické zkoumání imaginativního chování, naší „vzdělávací schopnosti", vyznačovalo velmi důkladným studiem. Ukázalo se, že jedinec určitá témata, např. téma výkonnosti, moci, společnosti či sexu za jistých podněcujících podmínek více či méně důrazně podřizuje imaginaci a že to představuje indikátor pro odpovídající organizaci jeho motivujících potřeb a snah. Tyto fantazie, vztahující se k potřebám, nejsou za normálních okolností čistými představami vyjadřujícími přání, nýbrž obsahují při vysokém stupni potřeb všechny znaky imaginativního vypořádání se s možnostmi a nebezpečím realisticky anticipovaných situací. Teprve s rostoucí bezvýchodností životní situace, ve spojení s nezvládnutelným množstvím potřeb, proměňuje obranné stadium tyto fantazie v útěk z reality a fantazijní osvobození. Není ovšem snadné dostat se dodatečně k imaginacím, které člověk produkuje při bezvýchodných konfliktech, v situacích hrozících selháním či ohrožením, protože potlačovací mechanismus vede i ve fantazijních představách k odstraňování a zastírání konfliktních a nebezpečných témat. Teprve během psychoterapeutického procesu dochází k individuálnímu soustředění témat kolem neurotizující výchozí situace, která je v různých vývojových fázích prožívána jako nová, ale přitom obohacená o dřívější zkušenosti, cíle, naděje, obavy a zklamání.

Hypnotická analýza tak umožnila intenzivní prožitek přání zemřít, spojeného se zklamáním v rodičovské lásce – zprvu dílčí, postupně však rekonstruovatelný v souvislostech – prožitek dětské fantazie vyvolávající silný afekt, jemuž se pacientka často oddávala ve věku pěti let. Ukázali jí tehdy pomník jedné knížecí dcery, která zemřela v dětském věku, a vyprávěli k tomu historku, jak malá princezna mlsala z otráveného dortu a tím svému prastrýci, jemuž byl jed určen, zachránila život. Celé město pro to dítě truchlilo. Po celé týdny pak ztotožnění s princeznou podněcovalo před usnutím fantazii pětileté dívky.

Vztah k její životní situaci lze pak rekonstruovat takto: v té době se její matka rozešla se svým manželem a dívčiným otcem a žila se svým milencem. Na toho se pak dítě silně citově upnulo. Fantazie se toho chytila, jako by tohle způsobilo rozchod a dítě cítilo vinu vůči otci, což pak bylo v hypnóze prožito s navýsost živoucím pocitem.

Fantazie dostala pozoruhodný symbolický znak, jakési neurčité, mlhavé, hrozivé Něco, z čeho uklidňujícím způsobem vystupoval bílý obelisk pomníku. Při hypnotické analýze procházelo ono Něco nejrůznější dramatickou afektací, nejprve těžkou depresí ve formě pocitu, který dospělá pacientka popisovala tak, že se cítí odstrčená a úplně zbytečná. Potom se projevil dramaticky vyhrocený strach z udušení a smrti. V dalším průběhu motorický neklid paží a přání změnit polohu, tj. neležet na zádech, ale na břichu, čímž nastalo uklidnění. Nakonec začala v silném afektu líčit následující scénu: otec ji jako velmi malou koupe. Potom opustí místnost, dítě reaguje depresivně, cítí se odstrčené a zbytečné, ponoří se pod kalnou hladinu, lokne si vody a pocítí elementární, ochromující strach z udušení. Je však zachráněno, hýbají mu pažemi, aby se opět rozproudil dech, nakonec je položí na břicho a otec mu věnuje něžnou péči.

Rozhovor s matkou pacientky ukázal, že ta své jedenáctiměsíční dítě z nutných důvodů na šest týdnů opustila, což vyvolalo depresi zcela odpovídající normě, pro jejíž průběh je typické, že děti s plačtivou závislostí lpějí na náhradní postavě a reagují depresemi, jestliže dotyčná osoba se od nich odvrátí.

Nakolik zklamání v rodičovské lásce a smrtelné nebezpečí ovlivnilo význam a citovou hodnotu smrtelné oběti ve fantazii pětiletého dítěte, zůstává otevřenou otázkou. Jisté je, že nadále identifikace a soucit s odstrčenými lidmi, trpícími nedostatkem lásky, právě tak jako motiv smrtelné oběti určoval jeho touhu po lásce, jeho přací fantazie a zvláště pak reakce na zklamání v lásce. Ve věku dvanácti let se předčasně zralé děvče zamilovalo do svého o pět let staršího bratra, přičemž momentem, který to vyvolal, byl soucit s jeho bolestí ze ztráty přítelkyně. Milostné touhy mířily směrem ke společné smrti podle Romea a Julie na vsi. Když ji bratr odmítl, pokusila se o sebevraždu. V osmnácti letech se konečně zamilovala do matčina bývalého milence. Ten se mezitím nešťastně oženil, takže se oddala představě, že smrtelnou obětí zachrání jeho manželství, a po dlouhou dobu sebevražedným způsobem přebíhala silnici mezi ječícími auty, až tuto fantazii postupně potlačila.

Celý tento prožitkový komplex byl postupně potlačen a za normálních okolností si jej neuvědomovala. Pětadvacetiletá pacientka už např. nevěděla o své incestní lásce k bratrovi, o přání zemřít, ani o svém sebevražedném pokusu. Přitom již při druhém terapeutickém sezení našly její přací fantazie, zastírací manévry a s tím spojené konflikty svůj výraz ve fantazijním příběhu.

Tento případ může osvětlit, jakým způsobem lze Dethlefsenem zmíněnou fantazijní hypotézu přezkoušet. Předpokládáme-li, že je odpovídající, musíme očekávat, že naše pacientka, bude-li vystavena hypnotické analýze a reinkarnačnímu experimentu, s velkou životností prožije indentifikaci s onou malou princeznou, přirozeně spatří i její mrtvé tělo a truchlící město a celek pak přenese do osmnáctého století.

V některé dřívější inkarnaci se možná po ztrátě matky téměř utopila, zachránil ji a vrátil do života její otec či otcovsky blízký přítel, ale nakonec uzavřela svůj život nějakou smrtelnou obětí – patrně aby zachránila manželství svého milence. A tyto scény byly celou silou její fantazie, toužící po lásce a smrtelné oběti prožity, aniž by se jejich původ dal objevit v tomto životě.

Předpokládejme opět, že by tato fantazijní hypotéza byla platná: jakým způsobem by se dal získat úspěšný důkaz? Muselo by být možné návaznou analýzou či hypnotickou analýzou jak se patří prokázat původ reinkarnačních zážitků v prožitcích a imaginacích tohoto života a časově i logicky správně jej lokalizovat v pletivu individuálního vývoje.

Na začátku jsme se ptali, co zůstane, jestliže reinkarnační hypotéza neobstojí v historickém přezkoušení a místo ní se prokáže platnost fantazijní hypotézy. V tomto případě musíme pohlížet na regresní metodu jako na techniku odkrývání a zpracovávání emočně nabitých a životně ústrojných fantazií.

Zůstane ještě něco jiného?

Nejsem žádným znalcem východních meditačních praktik, přesto považuji za jisté, že buddhista, zkušený v meditačním sebeponoření, se dokáže dostat do transu, v němž otázky, které Dethlefsen kladl svým médiím, dokáže předložit sám sobě a stejným způsobem se dopracuje k „reinkarnačnímu zpřítomnění" jako ona média. Bylo by to zajímavé, neboť v tom by mohl být pramen nábožensko-psychologické zkušenosti z reinkarnační nauky. Ale to je zatím jenom spekulace.

Dethlefsen odkryl cestu experimentu. Měl by ji důsledně sledovat do konce a přitom projevit připravenost nejen k vnímání všeho nového, ale i k nemilosrdnému přezkoumání hypotéz, které jsou k pokroku v poznávání pravdy nezbytné.

Rainer Fuchs

REGEN
Proti depresi? Světlo!
DALAJLAMA
přijede do Prahy

PRAGMA VYDÁVÁ

Sophie D. Coe – Michael D. Coe
ČOKOLÁDA
HISTORIE SLADKÉHO TAJEMSTVÍ

Theobroma cacao, čokoláda, „pokrm bohů". Lahůdka či příčina migrén? Afrodiziakum nebo lék? Náboženský symbol či dokonce měna jihoamerických indiánů? Autoři této knihy odhalují všechna tajemství, která se za staletí kolem této lahodné pochoutky nashromáždila. Je to historie plná překvapivých zvratů, ve které vystupují mayští i aztéčtí kouzelníci, evropští vladaři, vysocí náboženští představitelé i slavní výrobci moderního věku.

Dr. Michael Sharon
KOMPLEXNÍ VÝŽIVA

Dejte vašemu tělu výživu, kterou potřebuje, a začněte žít život plný energie. Kvalitní výživa vám pomůže snížit váhu, navždy odstraní únavu, snižuje hladinu cholesterolu, neutralizuje účinky radiace a snižuje riziko nachlazení a infekcí. Pomůže vám od stresu a dodá šťávu vašemu životu.

James Norwood Pratt – Diana Rosen
RÁDCE MILOVNÍKA ČAJE

Průvodce pro pravého znalce o tom, jak kupovat, připravovat a vychutnávat čaj, seznamuje čtenáře s dějinami čaje, s jeho pěstováním a zpracováním. Je příjemným společníkem pro každého, komu jeho vůně učarovala.

Diana Rosen
RÁDCE MILOVNÍKA KÁVY

Průvodce pro pravého znalce o tom, jak kupovat, připravovat a vychutnávat kávu, provádí čtenáře problematikou tradičních i nových druhů kávy a příslušnými rituály. Kniha potěší každého příznivce tohoto božského nápoje.

Anita Höhne
ČAJE, KTERÉ LÉČÍ
A PŮSOBÍ ZÁZRAKY

Dr. Hochenegg uvádí dosud tajné recepty čajových směsí, ve kterých spojuje přírodní a všeobecnou medicínu. Používá pro své směsi tisíce bylin z Evropy a z Asie. Přírodní lékařství přímo svádí k tomu, aby ten, kdo se jím řídí, žil rozumněji.

Peter Oppliger
NOVÁ KNIHA O ZELENÉM ČAJI

Každý už asi někdy vypil šálek čaje – někdo má rád čaj zelený, jiný černý, další třeba ovocný. Ale asi málokomu zabloudily myšlenky k dalekým čajovým plantážím, kde vzrůstá malá rostlinka zvaná čajovník; a když rozvine své lístky a je připravena, přijdou sběrači se svými nástroji a promění rostlinku různými úkony, postupy i metodami zpracování na něco, co je určeno nám, konzumentům – na čaj, na nápoj, na lahůdku.

Mari Hall
REIKI – Praktické léčení

Reiki je velmi populární a efektivní forma přírodního léčení především proto, že nejde o agresivní metodu. Kniha je komplexním průvodcem pro léčbu více než osmdesáti běžných zdravotních problémů, počínaje ekzémem a pocity úzkosti až po bolest zad, artritidu a vysoký krevní tlak. Paní Mari Hall, vysvětluje principy léčení energií Reiki a zároveň poskytuje ilustrované pozice rukou při působení energií. Do toho všeho je přibalena moudrost jedné z nejpřednějších osobností této populární terapie.

Ida Rolf ve spolupráci s Rosemary Feitis
ROLFING A REALITA TĚLA
Pracujte s přirozenou tělesnou gravitací

Kde se berou síly, které narušují přirozené vzpřímení lidského těla a přivádějí je do stavu chronických bolestí a nefunkčnosti? Právě tato otázka vedla autorku k celoživotnímu hledání prostředků, které by odstranily působení času a zranění (jak fyzických, tak emocionálních) na strukturu lidského těla. Rolfing umožňuje lidem žít zdravěji a aktivněji.

Christa Kössner
KNIHA PRO SVOBODNÉ,
KTEŘÍ UŽ NECHTĚJÍ ŽÍT SAMI

V této knize je popsána cesta, kterou se mohou osamělí lidé, kteří už nechtějí žít sami, vydat k úspěšnému a naplňujícímu partnerskému vztahu. Dnes člověku hrozí osamělost více než kdy jindy.

Thomas Cahill
JAK IROVÉ ZACHRÁNILI CIVILIZACI

Poutavé vyprávění jednoho z největších znalců irských dějin o kořenech irské duše, o přispění Irů k utváření západní kultury a hrdinské roli, kterou Irové a jejich patron sv. Patrik sehráli v dějinách.

Sóšicu Sen XV.
CESTA ČAJE, MYSL ČAJE

Prostý úkon podávání a vděčného přijímání čaje je základem způsobu života, který se nazývá Čadó – Cesta čaje. Čajová etiketa je součástí náboženství, morálky, estetiky, filozofie a společenských vztahů. S miskou voňavého čaje lze dosáhnout opravdového míru a mírumilovnosti.

Albert Clayton Gaulden
BUĎTE SVOBODNÍ V NOVÉM TISÍCILETÍ

Kniha vás zve na duchovní cestu a chce se s vámi podělit o duševní prožitky. Budete u toho, když autor přemáhá své osobní ďábly a raduje se z toho, jak znovu vstupuje do království andělů. Pod jeho vedením se naučíte osm základních zákonů, které vás mohou zbavit stínů, jež zatemňují váš život.

Ann Holdway
KINEZIOLOGIE

Kineziologie představuje přírodní, holistický léčebný systém, který kombinuje moderní západní techniky se starou čínskou medicínou. Používá testování svalů k odhalení fyzické, emocionální a chemické nerovnováhy a poté aktivací určitých bodů na těle znovu nastoluje tok energie v těle a přivádí tělo zpět do rovnováhy.

Laura A. Huxley
MEZI NEBEM A ZEMÍ

Návody, jak žít a milovat, jsou v knize rozvrženy jako praktická forma sebevzdělávání. Jedna část knihy se zabývá synchronizací vůle a zvyšováním kvality života. Další část knihy, nazvaná „Život znamená vztah", je věnována zásadní problematice, kterou se autorka zabývá – vztahu člověka k sobě samému, k druhým a k vesmíru.

Rüdiger Dahlke
MANDALY SVĚTA
Kniha meditací a malování

Neobvyklé pozvání do světa mandal, do světa magických vzorů, které odrážejí buddhistický obraz světa našeho bytí s jeho mnohotvárnými rovinami. Mandala znamená kruh a každý kruh má střed, který je cílem. Jedné stránce textu náleží vždy jedna stránka malování, které čtenáře pobízí používat svět mandal k tomu, aby prožíval své vlastní vnitřní vzory.

A. Wolf, S. Hrubý, M. Hájek
ELIXÍRY ŽIVOTA

Tato kniha přináší ucelený pohled na nejrůznější látky a prostředky, které dokážou povzbuzovat a posilovat organismus.

Maruscha Magyarosy
PĚT TIBEŤANŮ A INTELIGENCE SRDCÍ
Léčivé smíření s nejvnitřnějším jádrem naší bytosti

Objevení inteligence srdce je důležité téma naší doby. Maruscha Magyarosy, učitelka a terapeutka s dlouholetou zkušeností, nás pomocí pěti ritů učí čerpat energii a žít „ze srdce", což nás naplní moudrostí, silou a laskavostí. Tato cílená tělesná, dechová a duševní cvičení, jsou snadno zapamatovatelná, umožňují prohloubit a rozšířit zkušenosti s oblíbenými Pěti „Tibeťany".

Bruce Lansky
ZÁKONY MATKY MURPHYOVÉ
a jiné radosti rodičovství

To, co se dočtete v této knize, vám vaše matka nevyprávěla, je to spíše takový soupis toho, co se všechno může přihodit, když vychováváte dítě. Paní Murphyová je tedy jediná, kdo to řekne na rovinu a nemá důvod brát si servítky. Zákony matky Murphyové vám usnadňují ty méně příjemné stránky rodičovství a snaží se, abyste milovali své děti právě takové, jaké skutečně jsou.

Melody Beattie
PŘESTAŇTE BÝT ZÁVISLÍ
Jak přestat ovládat druhé
a začít se starat sám o sebe

Tato kniha není o tom, jak můžete pomoci svému alkoholikovi (nebo jinak narušenému člověku). Tato kniha je o vaší nejdůležitější a pravděpodobně nejzanedbávanější povinnosti: o vaší povinnosti starat se sami o sebe. Je o tom, co můžete udělat, abyste se začali cítit lépe a jak přestat ovládat druhé. I vy můžete překonat beznadějné situace a tato kniha vám ukáže cestu, jak si při tom počínat.